子どもの権利条約から見た日本の課題

国連・子どもの権利委員会による
第 4 回・第 5 回日本報告審査と総括所見

子どもの権利条約 NGO レポート連絡会議 編

はしがき

　2019年は、国連が子どもの権利条約を全会一致で採択してから30年、日本が158番目の締約国になってから25年に当たります。他方で、2019年は、天皇の代替わりがあり、統一地方選や参議院選挙が実施され、消費税の増税、さらに20年の東京オリンピック・パラリンピックを控えています。よほどの覚悟と取り組みをしないと、条約のメモリアルな年にふさわしい1年にはならないでしょう。

　日本では、子どもの虐待、いじめや不登校、さらには子どもの貧困やネット依存など、子どもをめぐる深刻な課題が社会問題になり続けています。子ども・子育てをめぐる状況は改善されておらず、深刻さを増すばかりです。

　一方、国際社会では、条約は子どもの権利保障についてのグローバルスタンダードとして位置づけられ、国連・子どもの権利委員会の一般的意見や総括所見等においても条約のとらえ方や解釈の進展がみられます（詳細は平野裕二のホームページ：https://www26.atwiki.jp/childrights/を参照）。また、日本においても、厳しい子ども・子育てをめぐる状況に対して、子どもに対する体罰の禁止や虐待防止に向けての取り組み、市民社会・NPO/NGOによる子どもの権利保障の活動、まだ少数ですが自治体レベルでの「子ども条例」の制定や計画の策定、子ども参加や相談・救済の取り組みなど、条約の理論面・実施面での蓄積や進展がみられます。ただ、これらの活動・取り組みは子どもの置かれている状況に対応するには不十分であるため、進展している部分をどのように教訓化し、広げていくのかということが重要になっています。

　このようななかで、条約のメモリアルイヤーである2019年は多くのNGO・NPOや市民等が協働して、あらためて「広げよう！子どもの権利条約キャンペーン」を展開しています。

　また、国連・子どもの権利委員会による日本の第4回・第5回統合定期報告の審査が、2019年1月16〜17日にかけてジュネーブで行なわれ、2月1日には、委員会が審査を踏まえて日本政府に対する勧告をまとめた総括所見が採択されました（先行未編集版〔advanced unedited version〕が2月7日に、正式版が3月5日に公表されました）。

　子どもの権利条約総合研究所が事務局を務め、筆者らがコーディネーターを担当する「子どもの権利条約NGOレポート連絡会議」では、この間、多くの団体・個人と協働して、政府報告の検討や委員会に対するNGOレポートの提

出に取り組み、本審査にも傍聴・ロビイングのために代表を派遣するとともに、総括所見後の公表後はいち早く日本語訳を作成し、その普及と検討に努めています。

　本書はその総括所見のフォローアップのための素材を提供するものです。

① 子どもの権利条約第4回・第5回日本報告審査の内容と特徴を、資料的意味も含めて明らかにします。とりわけ、総括所見の意味と実施の課題について提示し、総括所見のフォローアップの方向性を示します。
② 加えて、次回の政府報告書作成（2024年11月21日が提出期限）およびNGOレポート作成の際に参照すべき本になるようにします。
③ 子どもの権利条約の国連採択30年、日本批准25年の記念出版の一つです。

　わたしたちは、これまでの取り組みや活動をもとに、子どもの権利条約を理念にとどめず、具体的かつ実践的に理解し、日本社会の共通認識にしていこうと決意しています。

　本書が多くの方に活用され、国連・子どもの権利委員会による日本報告審査の内容と総括所見が少しでも活かされることを願っています。

　2019年10月

荒牧　重人　平野　裕二

目　次

1 【解説】

国連・子どもの権利委員会による
第4回・第5回日本報告審査と総括所見

荒牧 重人　平野 裕二

1　定期的報告制度

　国連・子どもの権利委員会（以下、委員会と略す）は、子どもの権利条約（以下、条約と略す）43条に基づき、締約国における条約の実施状況を審査するために設置された機関である。また、条約の2つの選択議定書（子どもの売買、児童買春および児童ポルノに関する選択議定書と武力紛争への子どもの関与に関する選択議定書）の実施状況の審査も担当するとともに、第3議定書に基づく個人通報制度にも対応している。締約国から推薦・選出された18名の委員から構成される（2017年3月から大谷美紀子弁護士が日本出身の初の委員として活動している）。

　委員会の主たる活動は、建設的対話の精神に基づく定期的報告制度の枠組のなかで行なわれる。この報告制度は、条約の実施状況監視のためのもっとも基本的なシステムである。委員会は、締約国から定期的に提出される報告書および審査の場における政府代表団の説明を基本とし、国際機関やNGOから提出される情報、他の人権条約機関の勧告等も考慮しながら条約の実施状況を検討して、総括所見において問題点の指摘とその解決のために必要な措置の勧告を行なう。締約国はその勧告を誠実に検討・実施し、次回報告書でその実施状況等について報告することが要請されている。

　定期的な報告制度は、①国際レベルと国内レベルでの条約実施状況の検証を連携させる機会であり、②条約の実施にむけて政府内および政府とNGO等との建設的対話を促進し、それらを通じて、③条約の解釈・運用における国際人権基準を共有し国内法化していくプロセスである。

　そこで出される総括所見は、判決のような法的拘束力はないが、国際社会の条約の解釈・運用の水準に基づき、委員会による検証を経たうえでの、締約国における条約実施の課題を示したものであり、そこで行われる勧告は国内における条約実施の優先的課題である。また、これらの課題は次回の締約国報告書の中心的な記載内容でもある。

2　国連・子どもの権利委員会による審査に至る経緯

⑴　第1回〜第3回の審査と統括所見

　委員会による日本の報告審査は、これまで第1回（1998年5月）・第2回（2004年1月）・第3回（2010年5月）の3回にわたって行なわれてきた。なお、第3回審査時には条約の2つの選択議定書についての審査もあわせて行なわれている。

①第1回審査と総括所見（CRC/C/15/Add.90　1998年）

　第1回審査時の所見では、(a)条約実施のための制度的基盤の整備、(b)伝統的な子ども観を変えるための広報・研修、(c)さまざまな差別の解消をはじめとする一般原則の実施、(d)子どもへの暴力に対する対応、(e)競争主義的な教育制度の見直し、(f)思春期の子どもの健康に関わる取り組み、(g)少年司法制度の見直しなど多くの課題が取り上げられた[*1]。これらの問題のほとんどはその後も繰り返し指摘され続けている（別表の総括所見比較表を見ていくと、いかに同様の指摘がなされているかが分かる）。

②第2回審査と総括所見（CRC/C/15/Add.231　2004年）

第2回総括所見の主な特徴としては、次のような点を指摘することができる。

- (a)　「子どもの権利基盤アプローチ」の必要性が強調されていること（たとえば、パラ11、13、20等）。
- (b)　「包括的」「体系的」「全面的」等の表現で、立法・行政等の総合的対応が要請されていること（パラ11、12、13、21b、30、33、34、37a、38a、43、44b、44a、46a、48等）。
- (c)　とくに子どもの意見の尊重および子どもの権利救済・監視の分野において、これまでの委員会の報告審査の水準なども反映して、より踏み込んだ内容になっていること（パラ13、28、38a、44a、50a等）。
- (d)　子どもに関する施策の評価が必要とされていること（パラ17、21a、21c等）。
- (e)　子どもの権利についての広報・教育・研修等を通じた意識の変革が求められていること（パラ21、25、28a、36b、38d、46c、52c、52d等）。
- (f)　当事者である子どもをはじめ、市民社会（市民・NGO）などさまざまな主体の参加とそれらとの連携が必要とされていること（パラ12、13ab、18、19、28、38a、44a、48、50a等）。

(g) 関連する他の国際文書が援用され、それらをふまえた総括所見の実施、子どもの権利の実現が求められていること（パラ9、13、15a、26、40a、42、44、54a等）。

③第3回審査と総括所見（CRC/C/JPN/CO/3　2010年）

条約第3回総括所見の内容については、第4回・第5回政府報告書の内容にもかかわるので、少し詳細にみておこう。なお、このときには2つの選択議定書の実施状況に関する報告書の審査もあわせて行なわれている[*2]。以下、混乱を避けるため、条約本体に関する指摘のみ総括所見のパラグラフ番号を示す。

まず、評価されている点は、2つの選択議定書の批准（パラ4）、児童虐待防止法・児童福祉法等の改正や子ども・若者育成支援推進法の制定等の法改正・制定（パラ5）、人身取引対策行動計画の策定（パラ6）である（ただし、パラ5で教育基本法の全面改定も肯定的に評価されているのは問題である）。選択議定書との関連では、出会い系サイト規制法の制定、入管法の改正、1949年8月12日ジュネーブ諸条約の追加議定書Ⅰ・Ⅱや国際刑事裁判所規程の批准等があげられている。

そのうえで、第3回総括所見において「懸念」よりも強いニュアンスがある「遺憾」を表明されている事項は、37条(c)の留保の維持（パラ9）、子どもオンブズパーソン等の独立した監視機構に関する情報の不存在（パラ17）、企業セクターの規制に関する情報の不存在（パラ27）、児童相談所における専門的処遇の体系的評価の不十分さ（パラ62）、少年司法における自白の強要や不法な捜査実務（パラ84）などである。選択議定書との関連では、国外で徴募・敵対行為への参加の可能性のある子どもを特定するための措置の不十分さ、選択議定書の実施における市民社会との協力・連携の不十分さが遺憾とされている。また、「強く勧告」されている事項は、子どもの権利に関する包括的な法律の制定（パラ12）、子どもの権利実現に向けた資源配分（パラ20）、家庭を含むあらゆる場面での体罰の法禁および効果的な実施（パラ48）である。

第3回総括所見でこれまでよりも踏み込んだ詳細かつ具体的な懸念表明・勧告が行なわれた問題としては、次のようなものがある。在留資格のない子どもを含むすべての子どもの出生登録の確保・国籍の確保（パラ45・46）、体罰をはじめとする子どもへの暴力の禁止・防止（パラ47〜49）、里親等の家庭的環境の下での子どもの養護およびそこでの質の確保や適切な最低基準の遵守（パラ52〜55）、障害のある子どもの権利保障（パラ58〜61）、条約や国際基準との全面的な一致に向けた少年司法制度の機能の再検討（とくに刑事責任にかかわる年齢や少年司法における裁判員制度の見直し、少年司法におけるあらゆる段階での法的その他の

援助の提供、パラ83〜85）などである。

　また、日本の子どもをめぐる今日的な課題である子どもの貧困・格差ならびに家庭環境の問題にも焦点が当てられた。とりわけ、条約のすべての分野を網羅する子どものための国家的行動計画の策定（パラ15・16）、子どもの貧困等に対応し子どもの権利実現を志向した予算の見直し・配分（パラ19・20）、貧困下で暮らしている子どもや権利侵害を受けるおそれのある子どものデータ収集（パラ21）、ワーク・ライフ・バランスの促進や子どもの権利の意識啓発を含む家族支援（とくに不利な立場におかれた家族への優先的な対応、パラ50・51）、子どもの貧困を根絶するための適切な資源配分、貧困削減戦略の策定、子どものウェルビーイング・発達にとって必要な家庭生活の保障に関する監視措置（パラ66・67）、子どもの扶養料の回復のための措置（パラ68・69）、生活のあらゆる分野におけるマイノリティ・先住民族の子どもへの差別の解消措置（パラ86・87）などの勧告がなされている。

　さらに、これまで明示的に取り上げられなかった問題についても新たに懸念表明と勧告がなされており、とくに企業セクター・民間部門の規制（パラ27・28、39・40）、国際協力（パラ29・30）、保健サービス（パラ62・63）、遊び、余暇および文化的活動（パラ76）、難民の子ども（パラ77・78）などの問題が取り上げられている。

　他方で、第1回・第2回所見や第3回審査の内容に照らして不十分な懸念表明・勧告もある。10条・11条の解釈宣言については撤回が勧告されていない。広報・研修（パラ23・24）、差別の禁止（パラ33・34）、子どもの意見の尊重・子ども参加（パラ43・44）等についても、条約の実施状況は不十分であるにもかかわらず、指摘が少ない。NGOからの指摘は相当あるにもかかわらず、委員会における教育分野についての審査は依然として時間的にも内容的にも不十分なままで、懸念や勧告（パラ70〜73）も必ずしも的確とはいえない。

　第3回審査の終了後、次回の報告書は第4回・第5回統合報告書として2016年5月21日までに提出することが要請された。これは、第4回定期報告書の提出期限が審査から1年後の2011年5月に迫っていたため、現実的配慮から第5回定期報告書の提出期限までに両報告書をまとめて提出することを認めたものである。

(2)　第4回・第5回日本政府報告書とNGOレポート
①第4回・第5回日本政府報告書
　第4回・第5回日本政府報告書は、実際には期限から1年1か月ほど遅れて

2017年6月末に提出された（報告書本体には語数制限があるため、関係法令の概要、各省庁の取り組み、統計についてそれぞれ取り上げた3点の別添文書があわせて提出されている）。

　今回の報告書は、形式的には委員会のガイドラインにのっとっているものの、実質的には委員会の要請に応えていない点が多い。その根底には、子どもの権利・条約を基盤として子どもに関わる法律の解釈・運用や政策の策定・実施をしようとしない政府の問題がある。とくに次のような点が指摘できる[*3]。

(a) 委員会の総括所見に対応して回答している点および一定の範囲でデータを示している点は報告制度の趣旨からして前進面ではある。しかし、総括所見で指摘されている内容の理解が不十分で、形式的に前回の勧告に触れているにとどまり、報告制度を活用して条約を効果的に実施しようとする基本的な姿勢が見られない。また、「開き直り」とも受け取れるような箇所もある〔政府報告書31、123等〕。なお、今回の政府報告書でも、「第3回政府報告パラグラフ○○参照」という記述が一定項目にわたって繰り返されており〔同4、60、121、131、134、136、137、139、171等〕、当該分野での10年間にわたる取り組みの前進面あるいは課題が見えない。

(b) 関連して、「子どもの権利基盤アプローチ」を含め条約に関する基本的理解が不十分である〔同38等〕。

(c) 法律・制度の説明が多い一方で、データを見ても子どもたちの実態や施策の効果が見えない。

(d) ローカルガバメントとしての自治体の取り組みを活かそうという視点がない。

②NGOレポート

　上のような問題点を持つ第4・第5回日本政府報告書について、NGOはその問題点を指摘するだけではなく、第3回の総括所見をどこまで実施しているかという点などについて、報告制度の意義や枠組みそして限界を念頭において、第3回政府報告書からの約10年間の変化を踏まえつつ、NGOとしての検証結果を示すことが求められていた。それゆえ、連絡会議ほか、多数のNGOが提供する情報（NGOレポート）の役割がきわめて重要である。このことは、政府報告書の形式的な内容を克服し、CRCの審査や総括所見の採択に寄与することになろう。

　連絡会議も、「はしがき」に記述したように、NGOレポート、追加情報等を

提出した（詳細は、子どもの権利条約総合研究所のホームページ：http://npocrc.org/を参照）。

⑶　会期前作業部会の開催と事前質問事項

　当初、委員会は日本の第4回・第5回報告書を第79会期（2018年9〜10月）に審査する予定にしていたため、同報告書の予備審査を行なう会期前作業部会は、2つ前の会期が終了した直後の2018年2月上旬に開催された。会期前作業部会とは、委員会にNGOレポートを提出した主だった団体をジュネーブに招き、口頭でのプレゼンテーションおよび委員との質疑応答を通じてそれぞれの国の状況をより正確に把握したうえで、政府に送付する事前質問事項（List ofIssues）を作成するための機会である（非公開）。

　日本からは、連絡会議のほか日本弁護士連合会（日弁連）など複数の団体が参加し、相互に調整しながら委員から出された質問に回答した。

　事前質問事項は、条約および2つの選択議定書の実施状況に関する具体的質問（14項目）と、立法・政策等に関する最新情報やデータの提出を求める項目（8項目）の計22パラグラフから構成されており、政府はこれに対する文書回答を提出したうえで本審査に臨むことが求められる。なお、会期前作業部会の終了後に審査日程の調整があったようで、日本の報告書の本審査は第80会期（2019年1月）に延期された。

　事前質問事項に対する文書回答は「可能であれば2018年10月15日までに」提出するよう要請されていたが、実際に提出されたのは11月中旬ごろと思われる。文書回答は、まず国連高等弁務官事務所（OHCHR）のサイトで英語版（統計編を除く）が公表され（11月27日）、その後、外務省のサイトで日本語版が公表された（12月17日）。NGOによる追加情報の提出期限は12月15日とされていたため、政府の文書回答の内容を十分に踏まえたレポートを提出する時間はなかったものの、連絡会議を含む多くのNGOが追加情報を委員会に提出している。

3　本審査（2019年1月16〜17日）の概要

　日本の第4回・第5回統合定期報告の本審査は、2019年1月16日午後（15〜16時）から17日午前（10〜13時、いずれも現地時間）の6時間をかけて、ジュネーブのパレ・ウィルソン（OHCHRが置かれ、主な人権条約機関の会合が開かれている建物）で行なわれた。

日本政府は、この本審査に向けて、大鷹正人・国連担当大使を団長とし、主要関係省庁の代表から構成される28名（同時通訳者2名を含む）の代表団を派遣した。NGOの傍聴者も多数にのぼり、おそらく70名近くはいたと思われる。審査の様子は、国連の公式中継サイトで生中継され、やりとりを英語か日本語（同時通訳を含む）で聴くことができたので、日本からネットを通じて見ていた人も少なくなかったはずである（審査の様子はアーカイブ動画としても公開されている）。

　審査は、日本政府代表団団長による冒頭発言の後、委員が分野別にまとめて質問を行ない、それに対して政府代表団が回答していくという形で進められた。委員会は、条約の諸条項を分野（クラスタ）別に整理した定期報告書ガイドラインを作成しており、報告書の作成、本審査、総括所見のとりまとめなどは基本的にこれらのクラスタの順番にしたがって行なわれる（クラスタの構成は資料として掲載した総括所見を参照）。具体的には、まず最初の5つのクラスタ（「実施に関する一般的措置」から「子どもに対する暴力」まで）について委員がひととおり質問し、政府代表団が一部の質問に回答した後、初日の会合の最後の30分を使って残りのクラスタ（「家庭環境および代替的養護」から「特別な保護措置」まで）と2つの選択議定書に関する質問を委員が行なうという方式である。したがって、2日目の会合（17日午後）は政府代表団による回答が中心となる（ただし、委員会による追加／フォローアップ質問も随時行なわれた）。

　なお、委員会は18名の委員から構成されているが、最近では国別に主要な担当者を指名する「タスクフォース」方式がとられることが多く、今回の審査では日本担当タスクフォースのメンバーであるサンドバーグ委員（Ms. Kirsten Sandberg、ノルウェー）、カゾーバ委員（Ms. Olga Khazova、ロシア）、スケルトン委員（Ms. Ann Marie Skelton、南アフリカ）、ロドリゲス委員（Mr. Jose Angel Rodriguez Reyes、ベネズエラ）の4名が主として質疑を担当した（委員名の表記は審査で委員同士が用いていた発音に依拠した）。タスクフォースのコーディネーター（筆頭担当者）を務めたのはサンドバーグ委員である（なお、委員会には日本から大谷美紀子弁護士が委員に選出されているが、委員会では委員は出身国の審査に関与しないのが慣行となっており、大谷委員は本審査にも出席しなかった）。

　政府代表団による答弁は、委員から出された質問になるべく遺漏なく答えようとする姿勢こそうかがえたものの、基本的には現在の法制度や政府がとっている対応等を説明するにとどまり、依然として、委員会との対話を子どもの権利保障改善のための機会にしようという積極的・建設的精神は見られなかった。

　審査時に十分に答えられなかった質問等については審査後48時間以内に書面で回答することが認められており、日本政府も今回、委員会に審査後の追加情報を提出している。この情報は、政府代表団団長による冒頭発言とともに、外

務省のサイト（「児童の権利条約（児童の権利に関する条約）」のページ）に日本語版・英語版が掲載されている。なお、日本政府は前回の総括所見に対してコメントを送付したが（当該コメントは外務省のサイトには掲載されていないため、平野のウェブサイトを参照）、今回はそのような対応はとられていない。

4　総括所見の全般的特徴（CRC/C/JPN/CO/4-5）

　「はしがき」で述べたとおり、委員会の総括所見は会期末の2月1日に採択され、2月7日に先行未編集版として公表された。公表にあたっては委員会による記者会見も行なわれ、とくに体罰の禁止や虐待対策の強化などが勧告されたことが広く報じられている。

　委員会の総括所見は全15ページ（A4版）・54パラグラフから構成されている。委員会は最近、とくに緊急の措置が必要とされる分野を所見の冒頭で6つ挙げ、それ以外の分野については具体的な問題点の指摘（懸念の表明）を基本的に省略して勧告のみ記載するのを原則としており、全体の分量はこれまでよりもやや短くなっている。今回、そのような優先対応分野に挙げられたのは次の6つである（パラ4）。

(a)　差別の禁止（パラ18）
(b)　子どもの意見の尊重（パラ22）
(c)　体罰（パラ26）
(d)　家庭環境を奪われた子ども（パラ29）
(e)　リプロダクティブヘルスおよび精神保健（パラ35）
(f)　少年司法（パラ45）

　このうち、差別の禁止を除く5分野については「深刻」な懸念が表明されている。とりわけ、条約の一般原則の1つである子どもの意見の尊重の原則についてこのような位置づけがなされたのは重要である。

　そのほか、今回の所見の特徴としては次のような点を挙げることができよう。

(i)　これまで指摘されてきた問題のほとんどが引き続き取り上げられている（以下の「分野（クラスタ）ごとの内容」を参照）。

(ii)　委員会が採択した一般的意見を想起・留意しながら、勧告を実現するよう促している（パラ10、15、19、22、24、26、32、33、35、41、42等）。

(iii)　持続可能な開発目標（SDGs）との関連が全体を通じて強調されている（パラ5のほか、パラ23・24・33・35～40等）。

(iv)　4つの一般原則および家庭環境・代替的養護の分野などについてこれま

でよりもやや踏み込んだ勧告が行なわれている（パラ17〜21、27〜31等）。

(ⅴ) 子どもの生命・発達・健康に関わる勧告が全体としてこれまでより詳細になっており、これに関わって福島原発事故の影響や気候変動への対応など新たな問題も取り上げられている（パラ33・パラ36・パラ37等）。

(ⅵ) 東日本大震災の影響、子どもの人権侵害に相当する校則などの問題については、はっきりと触れられておらず、また日本の状況を十分に理解していないと思われる点も散見される。

以下、委員会が行なった勧告の概要をクラスタ別に概観する。審査でどのような議論があったかについても必要に応じて言及しているので、本書収録の審議録を参照されたい。なお、前述のとおりこれまで指摘されてきた問題のほとんどが引き続き取り上げられていることから、今回の勧告のフォローアップにあたっては過去3回の所見で出されてきた勧告も踏まえることが求められる。

5 分野（クラスタ）ごとの内容

(1) 実施に関する一般的措置

児童福祉法の改正（2016年）をはじめとするこの間の立法措置については歓迎の意が表された（パラ3）ものの、「子どもの権利に関する包括的な法律を採択し、かつ国内法を条約の原則および規定と完全に調和させるための措置をとる」ことが、前回に続いて「強く勧告」された（パラ7）。現行法令は条約の精神を十分に統合したものではなく、権利を基盤としたものでもないというのがその理由である（審議録パラ32）。包括的な反差別法の制定（パラ18⒜）や少年司法制度の見直し（パラ46）を求めた勧告などとあわせ、あらためて子どもの権利を基盤とする法改正および立法を進めることが必要となる。

同様に、子どもの権利を効果的に保障するための予算策定手続の整備も、前回に続いて「強く勧告」されている（パラ10）。とくに、「サービス提供のための予算配分額の変動または削減によって、子どもの権利の享受に関する現在の水準が低下しないことを確保すること」として、現在の権利保障の水準を下げる後退的措置の抑制が求められていること（パラ10⒞）は重要である。今回の所見では、子ども施設に関わる適切な最低安全基準の確保（パラ20⒞ほか）、代替的養護における家庭養育促進のための財源の配分し直し（パラ29⒠）、子どもの貧困対策のいっそうの強化（パラ38）、保育の質の確保（パラ40）など予算措置に関わる勧告が他の箇所でもしばしば行なわれており、さらに関連の措置を実施するための十分な財源（予算）・人的資源・技術的資源の配分も随所で促さ

れている。

　包括的な政策・戦略（パラ8）、調整機関（パラ9）、子どもオンブズパーソン等の独立の監視機関（パラ12）などについてもこれまでと同様の勧告が繰り返されており、条約を実施するための前提条件を日本政府が依然として十分に整備していないことが再確認された形である。政策との関連では「条約が対象とするすべての分野を包含し、かつ政府機関間の調整および相互補完性を確保する包括的な子ども保護政策」の策定（パラ8）が勧告されているが、「保護」にとどまらず子どもの意見表明・参加の保障および推進も含めた権利基盤の基本政策を策定するとともに、条約の実施の調整・監視を主たる任務とする機関を内閣府等に設置することが求められる。なお、今回は人権条約機関等への報告およびフォローアップの調整・監視を担う常設機関の設置も新たに勧告されており（パラ53）、あわせて検討が必要である。

　なお、独立の監視機関に関する勧告では、子どもの権利条約総合研究所が集約した数字に基づき、33の自治体に子どもオンブズパーソン等の機関が設置されていることに言及されているものの（パラ12）、財政面・人事面の独立性や救済機構の欠如についての懸念など、やや的外れな内容になっていると言わざるを得ない（たしかに子どもオンブズを設置している自治体のなかにはその独立性が不十分なものもあるが、救済機構をもっていないところはない点など）。前回（2010年）の所見、とくに子どもの売買・児童買春・児童ポルノに関する選択議定書についての所見に掲げられた勧告（パラ20）も参照しつつ、国レベルでの独立の監視機関の設置、自治体における相談・救済機関の設置促進などを進めていくことが求められる（なお審査では、地方レベルの子どもオンブズパーソンを全国的に広げていく意思があるかという質問も出されており〔審議録パラ37参照〕、政府は審査後に提出した追加書面でこれに回答しているが、質問の趣旨を理解せず一般のオンブズマンについて説明するものとなっている）。これに関連して、子どもがアクセスしやすい相談体制の整備は虐待・性的搾取の被害を受けた子ども（パラ24(a)）や代替的養護（パラ29(d)）などとの関連でも勧告されており、あわせて対応していかなければならない。

　また、子どもの権利条約およびその他の人権条約に基づいて設けられている個人通報制度の受入れも勧告されており（パラ49・50）、速やかに検討するべきである。

　子どもの権利とビジネスについての勧告（パラ15）も前回より具体的になっており、旅行・観光における子どもの性的搾取等についての対応も具体的に求められている。日本でも現在「ビジネスと人権に関する国別行動計画」の策定

作業が進められており、今回の勧告も十分に踏まえることが必要である。

その他、実施に関する一般的措置との関連では、留保の撤回（パラ6）、データ収集（パラ11）、条約に関する広報・意識啓発・研修（パラ13）、市民社会との協力（パラ14）などに関する勧告が行なわれている。いずれも従来から取り上げられてきた問題であり、速やかな対応が求められる。とくに、広報・意識啓発・研修との関連では「立法手続および司法手続における条約の適用を確保する目的で立法府議員および裁判官も対象として」条約に関する情報の普及を進めることが具体的に促されており（パラ13⒜）、条約に関する国会議員・地方議員や裁判官の意識を高めることが重要な課題に位置づけられている。

(2)　子どもの定義

民法改正により最低婚姻年齢が男女とも18歳とされたことについては評価された（パラ3）ものの、改正規定の施行が2022年4月1日であることから、「児童婚を完全に解消するために必要な移行措置」をとることが勧告されている（パラ16。審査でのやりとりは審議録パラ51・パラ122－125参照）。しかし、重要なのは（改正規定の施行まで法的には婚姻が認められている）16歳以上の女子が婚姻を強制されず、また婚姻しても子どもとしての権利を奪われないようにすることであり、この点に関わる委員会の見解はやや硬直的であるように思われる。委員会は、女性差別撤廃委員会と合同で作成した一般的意見18号（有害慣行、2014年）でも、一定の場合には16歳以上の子どもの婚姻を認める見解を示していた[4]。

一方、性的同意年齢が13歳と低く定められていることについては、第2回所見（パラ23⒝）で引き上げを勧告しておきながら、その後はとくに言及しておらず、2017年の刑法改正で新設された監護者わいせつ罪・監護者性交等罪の適用対象が限定されていることについても触れていない。審査では「子どもに対する立場または権力に乗じて性行為を行なったすべての者を処罰対象とする意図はあるか」という趣旨の質問も出されており（審議録パラ248参照）、これらの点についても引き続き検討・対応を進めることが求められる。

なお、年齢に関わる問題は少年司法との関連でも指摘されており、とくに刑事手続適用年齢を現行の14歳から16歳に戻すことが勧告されている点（パラ46⒝）にも注意が必要である（後掲「⑼特別な保護措置」も参照）。

(3)　一般原則

①　優先対応分野の1つに挙げられた**差別の禁止**（2条）との関連では、⒜前回

に引き続いて包括的な差別禁止法の制定が促されたほか、(b)婚外子差別に関わるものを含むあらゆる差別的規定の廃止、(c)「とくに民族的マイノリティ（アイヌ民族を含む）、被差別部落出身者の子ども、日本人以外の出自の子ども（コリアンなど）、移住労働者の子ども、LGBTI（レズビアン／ゲイ／バイセクシュアル／トランスジェンダー／インターセックス）である子ども、婚外子および障害のある子どもに対して現実に行なわれている差別」を解消するための措置の強化が勧告されている（パラ18）。

　婚外子についての勧告は、最高裁の違憲の決定（2013年）を受けて民法に基づく相続分差別こそ解消されたものの、出生届の続柄欄に依然として「嫡出子」「嫡出でない子」の別を記載するチェック項目が設けられていること、戸籍における過去の差別的記載の解消が進んでいないことなどを念頭に置いたものである。審査では、そもそも「嫡出」「嫡出でない」という概念を維持すること自体が問題視されており、抜本的対応が求められる（審議録パラ53・126－140・272参照）。

　LGBTIである子どもに対する差別の問題は今回初めて取り上げられたもので、前回の審査（2010年）以降の委員会の見解の進展がうかがえる。アイヌ民族の子どもや被差別部落出身者の子どもについては第2回総括所見で言及されており、今回あらためて触れられたものである（第2回総括所見ではアメラジアンの子どもへの言及もあり、引き続きフォローアップしていくことが求められる）。今回の審査ではっきり取り上げられることはなかったものの、米軍基地が集中する沖縄の子どもたちが生命・生存・発達に対する権利や教育・健康に対する権利を脅かされていることについても対応していく必要がある。

　また、性的搾取・虐待の被害を受けた子ども（パラ24(c)）や障害のある子ども（パラ32(c)）との関連でスティグマ（社会的烙印）や偏見と闘うための取り組みが促されていること、庇護希望者・難民（とくに子ども）に対するヘイトスピーチと闘うための措置が勧告されていること（パラ42(d)）にも注意が必要である。

　これらの点に関わって、タスクフォースのコーディネーターであるサンドバーグ委員は、審査の際、いじめ問題との関連で「生徒が多様性を受容・評価するようにするために」どのような措置をとっているか質すとともに（審議録パラ45参照）、審査のしめくくりに際しても、差別の禁止の原則との関連で多様性の評価の必要性に言及している（審議録パラ329参照）。国連・障害者権利条約でも「人間の多様性の尊重を強化する」教育の推進が義務づけられており（24条1項(a)）、こうした観点から教育のあり方を見直していくことが急務である[*5]。

② **子どもの最善の利益**（3条）については、この原則が「とくに教育、代替的養護、家族紛争および少年司法において」十分に適用されていないことについて懸念が表明され、「子どもに関連するすべての法律および政策の影響評価を事前および事後に実施するための義務的手続を確立する」こと、「子どもに関わる個別の事案で、子どもの最善の利益評価が、多職種チームによって、子ども本人の義務的参加を得て必ず行なわれるべきであること」などが勧告された（パラ19）。これらの点について審査時に出された質問（審議録パラ38・55参照）に対して政府代表は回答しなかったが、立法・政策立案時の「子どもの権利影響評価」および個別事案（教育分野の事案を含む）における「子どもの最善の利益評価」の導入は喫緊の課題である。

　なお、前回の所見（パラ37）では出入国管理で子どもの最善の利益が十分に考慮されていないことについても懸念が表明されていたが、今回も子どもの庇護希望者・移住者・難民との関連で子どもの最善の利益を第一次的に考慮することがあらためて勧告されている（パラ42(a)）。政府は、子どもの最善の利益は出入国管理制度の枠内でのみ考慮されるという立場を一貫してとってきたが、その姿勢を根本から改めることが求められる。

③ **生命・生存・発達に対する権利**（6条）との関連では、従来から取り上げられていた自殺防止対策（パラ20(b)）に加え、「社会の競争的性質によって子ども時代および発達を害されることなく」子ども時代を享受できるような措置をとることを促されている（同(a)）。教育の競争主義的性質については従来から問題にされており、今回もあらためて取り上げられているが（パラ39(b)）、指摘の射程がさらに広がった形である。事故防止を含む子どもの安全についても詳しい勧告が行なわれており（パラ20(c)(d)）、とくに「子どもに関わる不慮の死亡または重傷の事案が自動的に、独立した立場から、かつ公的に検証される制度」（同(c)）の導入が促されたことは注目される。日本でも導入をめぐる議論が行なわれてきたCDR（Child Death Review）を重傷事案にも拡大して適用するよう求めるものであり、積極的に検討していくことが必要であろう。

④ 優先対応分野の1つに挙げられた**子どもの意見の尊重**（12条）については、今回の政府報告書が子どもの意見の尊重の項目において、「学校においては、校則の制定、カリキュラムの編成等は、児童個人に関する事項とは言えず、第12条1項でいう意見を表明する権利の対象となる事項ではない」（同38）などという一方的な解釈を繰り返している（第3回日本政府報告書205でも同一の記載をしている）ことに対して、前述のとおり「深刻」な懸念が表明されて

いる（パラ21）。そして勧告では、「子どもの脅迫および処罰を防止するための保護措置をとりつつ」、なおかつ「年齢制限を設けることなく」子どもの意見表明の権利およびその意見を正当に重視される権利を保障することが求められた（パラ22）。

「年齢制限を設けることなく」と強調されているのは、家事事件手続法等で15歳以上の子どもについてのみ裁判所による意見聴取が義務づけられていることを反映したものである。実際には15歳未満でもできるかぎり子どもの意見を聴く運用が行なわれているとされ、政府代表団もそのように説明していたが（審議録パラ219など参照）、委員会としては、特定の年齢を明示することなく、より年少の子どもについても意見を聴くことを原則とするべきであるとの見解をとっていることからこのような指摘を行なったと理解できる。また、「子どもの脅迫および処罰を防止するための保護措置」には、子どもの意見表明に対するいやがらせや不当な圧力からの保護も含まれると解するべきであり、とくに学校や施設において子どもの自由な意見表明を保障することが必要である。

勧告の第2文では、子どもの意見表明のための環境整備があらためて促されている。子ども参加の場面として「代替的養護および保健医療の現場」と「環境問題を含むあらゆる関連の問題」が明示されたこと、「意味のある」参加および子どものエンパワーメントの重要性が強調されたことは、今回の勧告の特徴である。「子どもの意見がどのぐらい考慮されているか、またそれが政策、プログラムおよび子どもたち自身にどのような影響をあたえているかについて定期的検討を行なうこと」を含む具体的措置を求めた第2回所見の勧告（パラ28）も参照しつつ、子どもの意見表明・参加を積極的に促進することが求められる。日本政府は、審査後に提出した追加書面で「政策の策定に当たっては、子どもの意見を反映するため、市民社会を通じて子どもたちの意見を聞く機会を設けたり、子どもが参画するような機会を設けている」と述べているが、このような説明は通用しない。

なお、審査の場では、学校行事等での国旗掲揚・国歌斉唱時の子どもの思想・良心の自由の尊重（審議録パラ67・238・242・277参照）、いじめ対策の立案・実施への子ども参加、ひいては学校運営そのものへの子ども参加（審議録パラ45・68・109・315等参照）についても取り上げられていた。今回の勧告ではとくに言及されていないものの、これらの点も視野に入れた対応が必要である。

子どもの意見の尊重については、他の分野でも指摘・勧告が行なわれている。前述のとおり、個別事案で子どもの最善の利益を評価するにあたっては必ず子どもの参加を得ることが促された（パラ19）ほか、親子分離に際しても事前に

子どもの意見を聴取することが求められた（パラ29⒜）。そのほか、SDGs（持続可能な開発目標）に関わる取り組みの実施（パラ5）、児童虐待対策の策定（パラ24⒟）、気候変動や災害リスク管理についての政策・プログラムの策定（パラ37⒜）、貧困対策の強化（パラ38⒝）などの関連で、子どもの意見の考慮、子ども参加、子どもとの協議などが勧告されている。こうした指摘が明示的に行なわれていない分野についても子どもの意見を十分に踏まえた取り組みを進めていくことが必要である。

⑷　市民的権利および自由

　市民的権利および自由との関連では、日本で暮らすすべての子ども（在留資格のない子どもを含む）が適正に登録され、無国籍状態に陥らないようにすることなどが勧告された（パラ23）。主として移住者の子どもを念頭に置いた勧告であると理解できるが、無戸籍の子どもも対象に含まれることは明らかである（審議録パラ64・232・261・296など参照）。出生届や住民登録を妨げる要因を取り除くこと、日本で出生してどこの国の国籍も得られない子どもには日本国籍を付与すること、無国籍に関する2つの条約を批准することなどの対応が求められる。

　前述のとおり、審査の際には「日の丸・君が代」問題も取り上げられたが、所見では具体的に触れられていない。ある委員が、国歌斉唱や国旗掲揚時の起立を強制されたくないと考える生徒への対応について質問したのに対し、文部科学省の代表は、

　「わが国のみならず他の国も含めた国旗あるいは国歌の意義を理解してそれらを尊重する態度というのは重要だと考えています。……国旗・国歌の指導は児童生徒の内心に立ち入って強制しようとするものではなく、あくまでも教育指導上の課題として指導するものでございます」（審議録パラ238）

　「国歌を歌わなかったことによって……制裁を受けることはもちろんございません。ただ、児童生徒がその信念に基づきまして指導に従わなかった場合には、適切な教育的な配慮のもとに繰り返し指導を行なっていくということが必要であるというふうに考えております」（審議録パラ277）

　と説明をしていたが、子どもの意見表明・参加に関わる勧告も踏まえた対応が必要であろう。

⑸　子どもに対する暴力

　子どもに対する暴力についての勧告は、子どもの虐待死事件をめぐって日本

で活発な議論が起きていることもあって、報道でも大きく取り上げられた。虐待・ネグレクト・性的搾取への対応の強化を求めた勧告（パラ24）では、「子どもに対するあらゆる形態の暴力の撤廃に優先的に」取り組むべきであるとして、(a)通報、苦情申立ておよび付託のための子どもにやさしい機構の設置、(b)事件の捜査および加害者への司法的対応、(c)性的な搾取および虐待の被害を受けた子どもにスティグマが付与されることと闘うための意識啓発活動、(d)包括的な虐待防止戦略および被害者回復政策の策定などが促されている。

　重要なのは、通報・苦情申立て・付託のための機構の利用者として「虐待（学校におけるものも含む）および性的搾取の被害を受けた子ども」が想定されており、学校における人権侵害の被害を受けた子どもが安心して相談できるような体制の整備も求められていることである。こうした機構の整備は代替的養護についても促されており（パラ29(d)）、総合的な視野から対応していくことが必要になる。また、子どもの性的搾取の問題はビジネスセクター（パラ15(c)(d)）や選択議定書の実施（パラ47）との関連でも取り上げられており、あわせて参照することが求められる。一時保護等のあり方の見直しも必要である（後述）。

　一方、加害者への対応に関する勧告（パラ24(b)）で依然として懲罰的措置に対応が当てられていることは疑問である。審査の場では、日本の現在の虐待対策がどちらかと言えば事後対応的（reactionary）なものにとどまっているのではないかという指摘とともに、親に対する支援措置、虐待の原因に関する研究、背景にある社会的問題や親のストレスへの対応などについての質問も出ていたものの（審議録パラ43参照）、こうした視点は虐待等に関する勧告にはとくに反映されなかった。もっとも、家族の支援・強化を図ること、困窮している家族に十分な援助・支援・指導を提供することなどは家庭環境との関連で勧告されており（パラ27(a)）、こうした視点を踏まえた虐待対策が必要である。

　6つの優先対応分野の1つに挙げられている体罰との関連では、「学校における禁止が効果的に実施されていないこと」も含む現状に「深刻」な懸念が表明され（パラ25）、(a)「あらゆる場面におけるあらゆる体罰」の明示的・全面的禁止、(b)「あらゆる現場で実際に体罰を解消するための措置」の強化などが勧告されている（パラ26）。相次ぐ子どもの虐待死事件を受けてようやく児童虐待防止法と児童福祉法が改正され（2019年6月）、親権者およびそれに準じる者の体罰が法律で禁じられたものの、これらの対応は第1回所見から繰り返し促されてきたことであり、もっと早く対応すべきであった。審査の際には、「日本社会では体罰が広く受け入れられているように思われます。実際には体罰が全面的に禁じられている学校でさえ、いまなお体罰が用いられています」という指摘

もなされており（審議録パラ42参照）、これらの禁止規定が着実に守られるようにするための効果的な取り組みが求められる。なお、今回の所見では体罰にしか言及されていないものの、委員会はそれ以外の「残虐なまたは品位を傷つける形態の罰」の禁止も求めてきたことに注意が必要である（一般的意見8号など参照）。

⑹　家庭環境および代替的養護

　前述のとおり、家庭環境や代替的養護の分野についてこれまでよりもやや踏みこんだ勧告が行なわれているのは今回の所見の特徴の1つである。

　家庭環境との関連では、⒜家族の支援・強化、困窮している家族への援助・支援・指導、⒝子どもの最善の利益に合致する場合の共同親権（shared custody）の容認／非同居親との面会交流権の保障、⒞家事紛争における裁判所の命令の執行強化、⒟関連のハーグ条約の批准の検討などが勧告されている（パラ27）。⒜については前回も同様の趣旨の勧告（パラ51）が行なわれていたが、その他は今回の所見で新たに取り上げられた問題である。子どもの最善の利益に合致する場合に離婚後や事実婚の場合にも共同親権を行使できるようにするかどうか、また子どもの権利としての面会交流権を効果的に保障するためにどのような措置が必要かは重要な検討課題だが、委員会から勧告されたように子どもの意見を十分に踏まえた「子どもの最善の利益評価」手続の確立・徹底（パラ19）があわせて必要となろう。子どもの連れ去りに関するハーグ条約の実施の強化も勧告されているが（パラ31）、これについても同様である。なお、これらの点に関する審査時のやりとりは、審議録パラ143・228・259・290およびパラ148・320など参照。

　代替的養護との関連では、家庭（的）養育の方針を打ち出した2016年児童福祉法改正や「新しい社会的養育ビジョン」については評価されたものの、家族から分離される子どもおよび施設に措置される子どもの多さ、一時保護のあり方、里親に対する支援の不十分さなどについて依然として「深刻」な懸念が表明された（パラ28）。そのうえで、⒜親子分離の手続等の抜本的改革、⒝脱施設化・家庭養育のいっそうの推進、⒞「児童相談所における子どもの一時保護の実務慣行」の廃止、⒟代替的養護の現場における虐待の防止および措置の定期的再審査、⒠家庭養育体制の強化（財源の移行、里親の支援等、脱施設化に関する自治体の能力強化を含む）、⒡親の意思に反する措置を行なう際の司法関与の強化など一連の対応が勧告されている（パラ29）。

　このうち⒞の「児童相談所における子どもの一時保護の実務慣行（the practice

of temporary custody of children in child guidance centers)」の廃止については、「児童相談所がより多くの子どもを受け入れることに対する強力な金銭的インセンティブが存在すると主張されていること」(パラ28(c)) という懸念表明（この点については政府代表団が明確に否定している。審議録パラ215参照) とあわせて、その受けとめ方をめぐって当惑の声も出た。その他の勧告も踏まえれば、子どもの安全確保のための一時的な親子分離まで否定しているとは解釈できず、児童相談所に設けられた一時保護所における保護を指していると思われるが、これに代わってとるべき措置（児童相談所以外の施設での一時保護、一時保護を目的とする里親委託など）については審査の場でもとくに示唆されていない。一時保護について速やかに司法審査を受けることが要件とされていないこと（委員のひとりは、最長でも1〜3日以内に裁判所の命令が出されなければならないと指摘している。審議録パラ145参照）、一時保護中の学習権が十分に保障されていないことをはじめ、児童相談所での一時保護のあり方に改善すべき点が多いのは確かだが、児童相談所の役割を一面的に評価し、唐突に児童相談所における一時保護の「廃止」を勧告するようなやり方は、疑問なしとしない。

　なお、養子縁組に関する勧告（パラ30）は従来と同様であり、速やかな対応が求められる。

(7)　障害、基礎保健および福祉

　障害のある子どもについては、インクルーシブ教育の保障を中心として、前回に引き続いて詳細な勧告が行なわれている（パラ32）。具体的には、(a)データ収集・障害診断システムの強化、(b)「統合された学級におけるインクルーシブ教育」の発展・実施および支援のための専門家の養成・配置、(c)学童保育サービスに関する基準の厳格な適用等、(d)早期発見介入プログラムを含む保健ケアへのアクセス保障、(e)関連の専門家の養成・増員、(f)障害のある子どもに関する意識啓発（スティグマや偏見との闘いを含む）などが促された。文部科学省が進める特別支援教育は、条約をはじめとする国際人権法で求められているインクルーシブ教育の理念に十分に合致するものではないという委員会の認識を示したものといえよう（たとえば審議録パラ152・254参照）。

　なお、(c)については、障害のある子どもの学童保育への受け入れにとどまらず、学童保育そのもののあり方に関する勧告と受けとめられる。学童保育に関する最低基準の維持向上を図り、障害のある子どもがアクセスできるようなものにしていくことが必要である。また、保健ケアに関わる(d)の勧告も、あくまでもインクルーシブな環境で必要かつ適切な支援を提供することを前提にした

ものと解することが求められる。

　思春期の子どものセクシュアル／リプロダクティブヘルス（性と生殖に関する健康）および精神保健についても6つの優先対応分野の1つとして「深刻」な懸念が表明され（パラ34）、とくに前者については従来よりも相当に詳細な勧告が行なわれた（パラ35）。とくに、(a)この点に関する「包括的政策」の策定と効果的教育の推進は緊急の課題である。このほか、(b)HIV／AIDS関連のサービス・教育・治療へのアクセスの向上、(c)安全な中絶へのアクセスの向上なども促されている。

　子どもの精神保健との関連では、前回と同様、子ども（とくに思春期の子ども）の情緒的・心理的ウェルビーイングへの対処、ADHD（注意欠陥・多動性障害）の過剰診断・過剰投薬の抑制策などが勧告された（パラ35(d)(e)）。ADHDに限らず、その他の発達障害と診断された子どもとの関連でも対応を見直していくことが求められよう（たとえば審議録パラ257参照）。

　なお、健康および保健サービスに関しては、新たに低体重出生の問題と母乳育児の推進の必要性が取り上げられている（パラ33）。

　福島原発事故の影響を受け続けている子どもの支援について詳細な勧告が行なわれたこと（パラ36）も特筆に価する。審査でこの問題が取り上げられた際、政府代表はややむきになって、福島県内の放射線量は基本的にそれほど高くなく、十分にクリーンな状況である旨の説明をしていたものの（審議録パラ180－190・275参照）、委員会からは、原発事故の影響を受けた子どもの健康状態を引き続き注視していくこと、県内・県外に避難している子ども（自主避難の子どもを含む）への支援を打ち切ることなく継続すること、適切な放射線教育を実施していくことなどが勧告された。なお、今回の所見では健康に対する権利についての特別報告者が行なった勧告（いわゆるグローバー勧告、2013年5月）のフォローアップが促されているが（パラ36(g)）、有害廃棄物に関する特別報告者が2018年10月に発表した、福島県内の高放射線量地域に子どもや出産年齢にある女性が帰還することを見合わせるよう求める声明なども、あわせて考慮することが必要である。

　一方、福島原発事故を引き起こすことになった東日本大震災については、審査の場でとくに質問が出されることはなく、総括所見でも具体的に触れられていない。東日本大震災の影響が依然として続いていることは連絡会議を含む多くのNGOが強調していただけに、この点は残念ではある。ただし、気候変動問題への対応に関わって、「災害リスク管理」「自然災害」「さまざまな災害」への対応に関する勧告は行なわれており（パラ37(a)〜(c)）、これにはもちろん地震

等も含まれると解されることから、子どもの権利の視点に立った、そして子どもたちの意見を踏まえた復興や防災対策を進めていくことが求められる。なお、気候変動問題への対応としては、(d)温室ガス放出量の着実な削減、(e)他国の石炭火力発電所に対する資金拠出の再検討および再生エネルギー発電所への転換の促進、(f)これらの勧告の実施における国際協力の要請なども勧告されている（審議録パラ249・302－305など参照）。

　子どもの貧困問題については、前回と同様に生活水準に対する権利との関連で勧告が行なわれ、(a)親に対する社会的援助の強化、(b)貧困の影響を受ける当事者である家族・子どもとの協議、(c)子供の貧困対策大綱の着実な実施などが促された（パラ38）。前回の所見では、親（とくにシングルマザー）が置かれている経済・就労状況についても詳しく言及され、国の「財政政策および経済政策（労働規制緩和および民営化戦略等）」に関わる指摘も行なわれていた（パラ66）のと比べると、ややあっさりした内容である。「子どものウェルビーイングおよび発達にとって必要な家族生活を保障することができているかどうか、注意深く監視する」ことなどを求めた前回の勧告（パラ67）も踏まえて、子どもの権利に立った包括的な貧困対策を発展させていくことが必要とされる。

(8)　教育、余暇および文化的活動

　教育に直接関わるパラグラフ（パラ39）は比較的短いもので、(a)いじめ対策の実施、(b)「ストレスの多い学校環境（過度に競争的なシステムを含む）から子どもを解放するための措置」の強化、(c)朝鮮学校に対する差別的政策（高校授業料無償化制度からの除外など）を改めることが勧告されている。

　いじめに関する(a)の勧告は、「虐待（学校におけるものも含む）」に関する勧告（パラ24(a)）なども踏まえて実施していくことが必要である。なお、前述のとおり（(3) 一般原則の①差別の禁止に関する項目参照）、審査の際には、学校環境が開かれた寛容なものになっているか、多様性が尊重されているかという趣旨の質問も出されている（審議録パラ45参照）。次に触れる(b)の勧告とあわせ、いじめが起きにくい学校環境の整備も重要である。また、前回の所見（パラ71）ではいじめ対策の立案に子どもたちの意見を取り入れることが勧告されており、今回の審査でもいじめ対策の立案・実施への子ども参加に関する質問が出されていたことから（審議録パラ45・109参照）、子どもの声を十分に踏まえた取り組みを進めていくことも求められる。

　(b)との関連では、日本政府は第4回・第5回統合定期報告書において、「仮に今次報告に対して貴委員会が〔これまでと同様の〕認識を持ち続けるのであれ

ば、その客観的な根拠について明らかにされたい」という、挑戦的ともとれる記載を行なっていた（報告書パラ123）。この点については、スケルトン委員がこの記述に言及したうえで

「政府自身はどのような研究をなさってきたのでしょうか。貴国の教育システムや教育に対するアプローチが、成績のよくない子どもに対してさえも、何の悪影響も与えていないと完全に満足なさっていますか」

と質問したが（審議録パラ162）、文部科学省の代表は高校・大学入試改革に関する説明に終始し、質問に適切に答えていたとはいえない（審議録パラ226）。その結果、表現はやや簡潔になっているものの、これまでと同様の勧告が行なわれる結果となったと考えられる。今回は学校におけるストレスの原因の1つとして「過度に競争的なシステム」が挙げられる形になっており、より幅広い視点から児童生徒のストレスに対応していく必要性が指摘されたとも理解できよう。前述のとおり、ストレスの問題については生命・生存・発達に対する権利との関連で「社会の競争的性質」の問題にも言及されており、日本社会全体の課題として位置づけられるに至っている。

また、(c)高校授業料無償化制度からの除外をはじめ朝鮮学校の児童生徒・卒業生への差別的扱いをやめることは他の人権条約機関からも繰り返し促されてきた課題であり、速やかな対応が求められる。なお、今回の所見ではとくに触れられていないものの、外国とつながる子どものインクルージョンも引き続き重要な課題である。

今回の所見では、就学前のケアおよび教育、とくに保育に関わる問題についても、無償化計画の効果的実施、待機児対策の継続を含む比較的詳しい勧告が行なわれた（パラ40）。「保育を、負担可能で、アクセスしやすく、かつ保育施設の設備および運営に関する最低基準に合致したものにすること」（パラ40(c)）を含め、保育の質を確保することの重要性が繰り返し指摘されている点（同(d)も参照）に注意が必要である。

⑼ 特別な保護措置

①子どもの庇護希望者・難民・移住者については、前回の所見（パラ77・78）では保護者のいない子どもの庇護希望者・難民に焦点が当てられていたものの、今回はより幅広い範囲の外国籍の子どもについて取り上げられた（パラ42）。出入国管理手続においても子どもの最善の利益が第一次的に考慮されるべきであることが指摘された（パラ42(a)）のは前述のとおりである（あわせて、迫害・拷問等の重大な人権侵害を受けるおそれがある出身国への送還を行なってはならないという

「ノンルフールマンの原則」の遵守も促されている）。庇護希望者である親の入管収容によって生じる親子分離を防止するための法的枠組みの確立が求められたこと（同(b)）も、日本の現状に照らしてきわめて重要といえよう（これらの点については、審議録パラ165・216およびパラ252・283など参照）。その他、保護者等がいない子どもへの適切な対応、ヘイトスピーチ対策なども促されており（同(c)(d)）、委員会の一般的意見22号・23号も参照しつつ、外国人施策のあり方そのものを包括的に見直していくことが必要である。

② 人身取引等については、厳罰化を含む加害者対応の強化および被害者保護・支援の充実が勧告された（パラ43）。なお、政府報告では国外出身の被害者に関する取り組みに焦点が当てられていたが、国内で行なわれる人身取引の被害者にも注意を払うことが必要である。パラ43(b)で促されている「被害者スクリーニング」は、人身取引の被害を受けた子どもが「非行」少女などとして扱われないようにすることも求めたものと解される。性的搾取・虐待の被害を受けた子どもへのスティグマや偏見と闘うための取り組みが促されていること（パラ24(c)）にも注意を払う必要がある。

③ 性的搾取の問題については、子どもの売買・児童買春・児童ポルノに関する選択議定書との関連でも、児童ポルノ対策や関連の犯罪の処罰の強化、被害者支援の一層の充実、インターネットの利用に関する意識啓発の強化などが勧告されている（パラ47）。これには、いわゆる「JKビジネス」や「児童エロチカ」など、「児童買春および子どもの性的搾取を促進しまたはこれにつながる商業的活動を禁止すること」も含まれる（パラ47(b)）。なお「児童エロチカ」とは、国際機関や国際NGOがとりまとめた「性的搾取および性的虐待から子どもを保護するための用語法ガイドライン」（ルクセンブルク・ガイドライン、2016年）において「子どもがセミヌードまたはヌードでポーズをとる、子どもの性的対象化を強調する画像」と定義されており、たとえばいわゆる「着エロ」を含む画像である（審査でも、日本政府はこれを「着エロ」と理解して回答を行なっていた。審議録パラ287参照）。

④ 6つの優先対応分野の1つに挙げられている少年司法の運営との関連では、刑事手続適用年齢の引下げ（16歳から14歳へ）、付添人・弁護人選任権の保障の不十分さ、少年（虞犯少年を含む）の身柄拘束に関わる諸問題などについて「深刻」な懸念が表明された（パラ44）。そのうえで、「少年司法制度を条約その他の関連基準に全面的にのっとったものとする」ことがあらためて促され、従来の勧告の多くが繰り返されている（パラ45）。

前回の所見（パラ85(a)）でも「（少年犯罪・非行につながる）社会的条件を解消

するために家族およびコミュニティの役割を支援することのような防止措置」をとることが最初に促されていたが、今回も同様に「子どもの犯罪の根本的原因を研究し、かつ防止措置を緊急に実施すること」が勧告の筆頭に挙げられた（パラ45(a)）。刑事手続年齢との関連でも「2000年以降の子どもの犯罪の傾向を研究すること」が求められているが（同(b)）、これは、刑事手続適用年齢の引下げが十分な根拠に基づくものではなく、少年犯罪の増加・低年齢化・凶悪化というイメージに乗じたものではないかという委員会の疑念を反映したものであろう。この点につき、委員からは

「これ〔刑事手続適用年齢の引き上げ〕はほぼ20年前のことになりますが、子どもの犯罪の傾向について何らかの統計は収集してきたでしょうか。というのは、全世界でこれは減少傾向にあるからです。そうであれば、刑事能力年齢〔刑事手続適用年齢〕を元の年齢に引き上げることは考えられないのでしょうか」

という質問がなされている（審議録パラ168。政府代表の回答は同パラ207参照）。

また、新たな要素としては「虞犯」概念の再検討および虞犯少年の拘禁の停止が勧告されており（同(e)(i)）、検討が求められる（この点に関する審査時のやりとりは審議録パラ166・206を参照）。

⑤　なお、武力紛争への子どもの関与に関する選択議定書については、選択議定書の規定に関する自衛隊員の研修を引き続き強化することが勧告された（パラ48）。

6　総括所見のフォローアップ

このほか、子どもの権利条約およびその他の人権条約に基づいて設けられている個人通報制度の受入れ（パラ49・50）、人権条約機関等への報告およびフォローアップの調整・監視を担う常設機関の設置（パラ53）も勧告されていることは前述のとおりである。ASEAN（東南アジア諸国連合）・女性および子どもの権利の促進および保護に関する委員会との協力も促されている（パラ51）。

次回の報告（第6回・第7回統合定期報告）の提出期限は2024年11月21日とされた（パラ54）。所見全体を省庁横断的に検討し、国会でも討議し、市民社会との協議を継続的に行なうなどして、十分なフォローアップに努めていくことが必要である。

おわりにかえて

　これまで繰り返し述べているように、今回の審査と総括所見を効果的に活かすためにも、報告制度の意義や限界を踏まえたうえでその位置づけと実質化を図ることが必要である。そのためには、政府内で効果的な検証のための仕組みをつくり、そこでの実質的な検証を推進することが要請されている。また、総括所見のフォローアップにあたっては、連絡会議が提起して取り組んできたフォローアップのやり方——国会議員と政府とNGO・市民社会の三者による意見交換会のようなもの——を公的な仕組みにしていくことが望まれる。

　加えて、報告制度の実質化にかかわっては、総括所見の法的な意味や効力についての理解が必要である。日本政府は、総括所見は法的拘束力を持つものではなく、それに従うことを義務づけられていないという見解を繰り返し表明している。しかし、そのような態度が総括所見で再三懸念されているのである。総括所見は、現在の報告制度の性質上、締約国に対して判決のような直接的な法的拘束力はないが、当該国において正当に尊重され誠実に履行されなければならない。なぜなら、総括所見は、条約が実施措置として採用している報告制度の一環であり、それを誠実に履行することは条約上の義務の一部といえるからである。つまり、「法的拘束力がない」などという理由でこの所見の実現を怠ることは、報告制度が成り立たなくなるといってもよく、条約の実施措置上許されない。委員の質、委員会の蓄積、審査時間の短さ等からして総括所見にも限界があるので、誠実な検討の結果、「受け入れられない」場合は委員会に対して応答・説明責任を果たすことが要請される。

　もちろん、このような報告制度の実質化と活用においては、政府の問題点や課題を指摘するだけではなく、私たち自身が、国際基準に基づいた条約の解釈・運用をしていく力をつけていく必要がある。そのためには、委員会の一般的意見や総括所見、さらには国際人権規約をはじめとする関連人権条約委員会の一般的意見や総括所見を検討し、そのうえで子どもの権利や条約実施についての共通の理解・認識をつくりあげていくことが求められている。

＊本稿は、荒牧重人・平野裕二「国連・子どもの権利委員会による日本の第4回・第5回報告書審査と総括所見」（『子どもの権利研究』30号、2019年）に修正・加筆したものです。

*1 子どもの人権連・反差別国際運動日本委員会編『子どもの権利条約のこれから』（エイデル研究所、1995年）参照。

*2 子どもの権利条約NGOレポート連絡会議編『国際社会から見た日本の子ども』（現代人文社、2011年）参照。

*3 平野裕二「日本政府、国連・子どもの権利委員会に第4回・第5回統合報告書を提出」子どもの人権連『いんふぉめーしょん』154号（2017年）、荒牧重人「子どもの権利条約第4・5回日本政府の検討と報告制度の効果的活用」山梨学院大学法科大学院『ロー・ジャーナル』第12号（2017年）等を参照。

*4 「……自己の人生に影響を与える決定を行なうことについて子どもの発達しつつある能力および自律を尊重するという観点から、例外的状況においては、成熟した、判断能力のある18歳未満の子どもの婚姻を認めることもできる。ただし、その子どもが16歳以上であり、かつ、そのような決定が、法律によって定められた正当な例外的事由および成熟していることを示す証拠に基づき、文化および伝統におもねることなく、裁判官によって行なわれることを条件とする」（パラ20）。なお、第81会期（2019年5月）に本一般的意見／勧告が改訂され、この部分が削除された。

*5 子どもの権利条約総合研究所『子どもの権利研究』第30号（日本評論社、2019年）、特集I「多様な背景をもつ子どもの権利」も参照。

〈資料〉 国連・子どもの権利委員会

日本の第4回・第5回統合定期報告書に関連する質問事項（List of Issues）

CRC/C/JPN/Q/4-5
配布：一般
2018年7月3日
原文：英語・フランス語・スペイン語のみ
日本語仮訳：
子どもの権利条約NGOレポート連絡会議

子どもの権利に関する委員会
第80会期
2019年1月14日〜2月1日
暫定的議題　議事項目4
締約国報告書の検討

日本の第4回・第5回統合定期報告書に関連する質問事項

　締約国は、追加の最新情報を、書面（10,700語以内）により、可能であれば2018年10月15日までに提出するよう要請されます。委員会は、締約国との対話の際、条約に掲げられた子どもの権利のあらゆる側面を取り上げる可能性があります。

第1部

1．　子どもの権利に関する包括的な法律を採択する計画があれば、当該計画に関する情報を提供してください。改正児童福祉法が子どもの権利に及ぼした影響について説明してください。また、子供・若者育成支援推進大綱（2016年）からどのような教訓が得られ、かつ締約国がその成果に基づいてどのような措置の実施を計画しているのかについても、情報を提供してください。

2．　人権擁護法案の状況、および、条約の実施を監視しかつ子どもの権利侵害についての苦情を受理できる国家人権委員会の設置に関する最新情報を提供してください。

3. 女子、レズビアン、ゲイ、バイセクシュアル、トランスジェンダーおよびインターセックスである子ども、非婚の親から生まれた子ども、民族的マイノリティに属する子どもおよび日本人以外の出自を有する子どもに対する差別およびヘイトスピーチを解消するためにとられた、狙いが明確な（targeted）措置に関する情報を提供してください。また、包括的な反差別法を採択する計画があれば、当該計画に関する情報も提供してください。

4. あらゆる場面における体罰を、いかに軽いものであっても、法律によって明示的に禁止しかつ解消するためにとられた措置に関する情報を提供してください。また、暴力および子どもの虐待（とくに性的虐待）の防止、ならびに、被害を受けた子どもに提供される支援サービスおよびリハビリテーションサービスの種別に関する情報も提供してください。

5. 子どもが家族から分離されまたは家族によって遺棄されることを防止し、子どもの脱施設化を加速し、かつ里親または養親による代替的養護を促進するためにとられた具体的な措置に関する情報を委員会に提供してください。児童相談所が運営する子どもの一時保護所の評価システムに関する最新情報を提供してください。離婚後に子どもが双方の親との関係を維持する権利がどのように確保されているか、説明してください。

6. 改正学校教育法にしたがった、障害のある子どものためのインクルーシブ教育の発展における進展についての情報を提供するとともに、「特別支援教育」が何を意味するかについて説明してください。学童保育の民営化および規制緩和を踏まえ、障害のある子どものための学童保育の最低基準を改定するためにどのような措置がとられてきたか、説明してください。

7. 高い低体重出生率を削減するためにとられた措置に関する情報を委員会に提供してください。また、2011年の福島原発事故以降、被曝した子どもに提供されている医療支援に関する情報も、委員会に提供してください。

8. 日本が現在とっている気候変動緩和政策が、国内外の子どもの権利（とくに健康、食料および十分な生活水準に対する権利）を保護する日本の義務とどのように両立しているかについて説明してください。

9. 増加しつつある子どもの貧困およびそれが子ども関連の社会的保護に及ぼす悪影響に対処するためにとられている措置についての情報を提供してください。また、社会的移転が子どもの貧困率の削減に及ぼす効果の低さの原因、および、社会的移転をより効率的なものとするために締約国がとることを計画している実際的措置についても説明してください。

10. 乳幼児ケア施設を提供し、かつ乳幼児期教育の質を確保するためにとられ

ている具体的措置（利用可能とされている資源を含む）についての情報を委員会に提供してください。子どもをいじめから保護するための措置に関する情報を提供してください。極度に競争的な学校環境の悪影響を緩和するためにとられている措置についての情報を委員会に提供してください。

11. 子どもの庇護希望者の収容および親からの分離を防止するための法的枠組みを用意するためにとられた措置があれば、当該措置に関する情報を委員会に提供してください。また、子どもの庇護希望者が社会サービスにアクセスできるのであれば、当該アクセスについての情報も委員会に提供してください。

12. 少年司法制度における条約の全面的実施を保障するためにどのような具体的措置がとられてきたかを明らかにするとともに、法律に抵触した子ども、被害を受けた子どもおよび子どもの証人に対し、再統合のためのおよび心理社会的な支援およびサービスとしてどのようなものが利用可能とされているか、詳細に説明してください。子どもの予防拘禁を根絶するために何らかの措置がとられているのであれば、それに関する情報を提供してください。また、少年非行の根本的原因に関する研究が実施されており、かつ何らかの防止措置がとられているのであれば、それらに関する情報も委員会に提供してください。

13. 子どもの売買、児童買春および児童ポルノに関する子どもの権利条約の選択議定書に基づいて委員会が前回行なった勧告（CRC/C/OPSC/JPN/CO/1）を実施するためにとられた措置に関する情報を提供してください。

14. 武力紛争への子どもの関与に関する子どもの権利条約の選択議定書に基づいて委員会が前回行なった勧告（CRC/C/OPAC/JPN/CO/1）を実施するためにとられた措置に関する情報（とくに、自衛隊の構成員を対象として、とりわけこれらの者が国連平和維持活動に参加する際に選択議定書の規定に関する研修を実施する計画があれば、当該計画に関する情報）を提供してください。

第2部

15. 委員会は、締約国に対し、締約国報告書に記載されている情報のうち以下に関するものについての簡潔な最新情報（3ページ以内）を提供するよう求めます。

(a) 新たな法案または法律およびそれぞれに関する規則

(b) 新たな制度（およびその任務）または制度改革

(c) 最近導入された政策、プログラムおよび行動計画ならびにその適用範囲

および資金調達

(d) 最近行なった人権文書の批准

第3部

データ、統計その他の情報（利用可能な場合）

16. 過去3年間の予算についての整理された情報を、子どもおよび社会セクターに関連する予算項目ならびにさまざまな省庁の予算項目に関して、かつ国家予算総額、国民総生産および地域別配分額に占める各予算項目の割合を明らかにしながら、提供してください。

17. 以下の子ども（農村部および山間部に住んでいる子どもを含む）の人数に関する過去3年間の最新データを、年齢、性別、社会経済的背景、国民的出身、民族的出身および地理的所在ごとに細分化した形で提供してください。

   (a) 暴力の被害を受けた子ども（犯罪の種別ごとに）

   (b) 親から分離された子ども

   (c) 孤児である子ども

   (d) 施設および里親家庭に措置された子ども

   (e) 国内でまたは国際養子縁組を通じて養子となった子ども

   (f) 児童手当制度の受益者となった子ども

18. 以下の点に関する過去3年間の最新データを、年齢、性別、社会経済的背景、国民的出身、民族的出身および地理的所在ごとに細分化した形で提供してください。

   (a) プライマリーヘルスケア制度への資源配分

   (b) 乳児および子どもの死亡率

   (c) 低体重出生児

   (d) 肥満

   (e) 10代の妊娠、ならびに、妊娠出産に関する医療サービスおよび専門家によるサービスを受けている女子

   (f) 中絶

   (g) 自殺

   (h) 薬物濫用

   (i) HIV/AIDSを含む性感染症およびAIDSとともに生きている子ども

19. 締約国全域の障害のある子どものうち以下の子どもの人数に関する過去3年間のデータを、年齢、性別、障害の種別、民族的出身および地理的所在ごとに細分化した形で提供してください。

(a) 家族と暮らしている子ども

(b) 施設で暮らしている子ども

(c) 乳幼児期教育を受けている子ども

(d) 普通初等学校に通っている子ども

(e) 普通中等学校に通っている子ども

(f) 特別学校に通っている子ども

(g) 就学していない子ども

(h) 家族によって遺棄された子ども

20. 以下の子どもの人数に関する過去3年間のデータを、年齢、性別、所在地および犯罪の種別ごとに細分化した形で提供してください。

(a) 少年司法制度からのダイバージョンの対象とされた子ども

(b) 未決拘禁の対象とされている子ども

(c) 予防拘禁の対象とされている子ども

(d) 刑を言い渡されて服役している子ども（および刑の種別）

21. 報告書に記載されているデータのうち、より最近になって収集されたデータまたはその他の新たな進展のために古くなってしまった可能性があるものがあれば、最新のデータを委員会に提供してください。

22. 加えて、締約国として、子どもに影響を与えている諸分野のうち条約実施との関連で優先分野であると考えるものを列挙することも考えられます。

〈資料〉 国連・子どもの権利委員会

日本の第4回・第5回統合定期報告書に関する総括所見

CRC/C/JPN/CO/4-5
配布：一般
2019年3月5日
原文：英語
日本語訳：子どもの権利条約NGOレポート連絡会議
https://www26.atwiki.jp/childrights/pages/319.html
（注：〔　〕内は訳者による補足）

子どもの権利委員会

日本の第4回・第5回統合定期報告書に関する総括所見[*]

Ⅰ．はじめに

1．委員会は、2019年1月16日および17日に開かれた第2346回および第2347回会合（CRC/C/SR.2346 and 2347参照）において日本の第4回・第5回統合定期報告書（CRC/C/JPN/4-5）を検討し、2019年2月1日に開かれた第2370回会合においてこの総括所見を採択した。

2．委員会は、締約国における子どもの権利の状況についての理解を向上させてくれた、締約国の第4回・第5回統合定期報告書および事前質問事項に対する文書回答（CRC/C/JPN/Q/4-5/Add.1）の提出を歓迎する。委員会は、多部門から構成された締約国の代表団との間に持たれた建設的対話に評価の意を表するものである。

Ⅱ．締約国によってとられたフォローアップ措置および達成された進展

3．委員会は、締約国がさまざまな分野で達成した進展（女性および男性の双方について最低婚姻年齢を18歳と定めた2018年の民法改正、2017年の刑法改正、2016年の児童福祉法改正、および、児童ポルノの所持を犯罪化するに至った「児童買春、児童ポルノに係る行為等の規制及び処罰並びに児童の保護等に関する法律」の改正を含む）を歓迎する。委員会はまた、子供・若者育成支援推進大綱（2016年）、第

4次「青少年が安全に安心してインターネットを利用できるようにするための施策に関する基本的な計画」（2018年）および子供の貧困対策に関する大綱（2014年）など、前回の審査以降に子どもの権利に関連してとられた制度上および政策上の措置も歓迎する。

Ⅲ．主要な懸念領域および勧告

4．委員会は、条約に掲げられたすべての権利の不可分性および相互依存性を締約国が想起するよう求めるとともに、この総括所見に掲げられたすべての勧告の重要性を強調する。委員会は、緊急の措置がとられなければならない以下の分野に関わる勧告に対し、締約国の注意を喚起したい。その分野とは、差別の禁止（パラ18）、子どもの意見の尊重（パラ22）、体罰（パラ26）、家庭環境を奪われた子ども（パラ29）、リプロダクティブヘルスおよび精神保健（パラ35）ならびに少年司法（パラ45）である。

5．委員会は、締約国が、持続可能な開発のための2030アジェンダの実施プロセス全体を通じ、条約、武力紛争への子どもの関与に関する選択議定書および子どもの売買、児童買春および児童ポルノに関する選択議定書にしたがって子どもの権利の実現を確保するよう勧告する。委員会はまた、締約国に対し、17の目標の達成を目的とする政策およびプログラムの立案および実施において、それが子どもに関わるかぎりにおいて子どもたちの意味のある参加を確保することも促すものである。

A．実施に関する一般的措置（第4条、第42条および第44条（6））

留保

6．委員会は、前回の勧告（CRC/C/JPN/CO/3、パラ10）にのっとり、締約国が、条約の全面的適用の妨げとなっている第37条(c)への留保の撤回を検討するよう勧告する。

立法

7．さまざまな法律の改正に関して締約国から提供された情報には留意しながらも、委員会は、締約国が、子どもの権利に関する包括的な法律を採択し、かつ国内法を条約の原則および規定と完全に調和させるための措置をとるよう、強く勧告する。

包括的な政策および戦略

8．委員会は、締約国が、条約が対象とするすべての分野を包含し、かつ政府機関間の調整および相互補完性を確保する包括的な子ども保護政策を策定するとともに、十分な人的資源、技術的資源および財源に裏づけられた、当該政策のための包括的な実施戦略も策定するよう、勧告する。

調整

9．委員会は、締約国が、部門横断的にならびに国、広域行政圏および地方のレベルで行なわれている条約の実施関連のすべての活動を調整するための明確な任務および十分な権限を有する適切な調整機関、ならびに、すべての子どもおよび条約のすべての分野を対象とする評価および監視のための機構を設置するべきである旨の、前回の勧告（前掲、パラ14）をあらためて繰り返す。締約国は、当該調整機関に対し、その効果的運用のために必要な人的資源、技術的資源および財源が提供されることを確保するべきである。

資源配分

10．子どもの相対的貧困率がこの数年高いままであることに鑑み、かつ子どもの権利実現のための公共予算編成についての一般的意見19号（2016年）を想起しながら、委員会は、締約国が、子どもの権利の視点を含み、子どもに対する明確な配分額を定め、かつ条約の実施のために割り当てられる資源配分の十分性、有効性および公平性の監視および評価を行なうための具体的指標および追跡システムを包含した予算策定手続を確立するよう、強く勧告する。そのための手段には以下のものが含まれる。

　⒜　子どもに直接影響を与えるすべての支出の計画、確定、補正および実際の額について、詳細な予算科目および予算項目を定めること。

　⒝　子どもの権利に関連する支出の報告、追跡および分析を可能にする予算分類システムを活用すること。

　⒞　サービス提供のための予算配分額の変動または削減によって、子どもの権利の享受に関する現在の水準が低下しないことを確保すること。

　⒟　子供・若者育成支援推進大綱の実施のために十分な資源を配分すること。

データ収集

11．締約国によるデータ収集の取り組みには留意しながらも、委員会はまた、いまなお欠落が存在することに留意する。条約の実施に関する一般的措置に

ついての一般的意見5号（2003年）を想起しながら、委員会は、締約国が、
条約のすべての分野（とくに子どもの貧困、子どもに対する暴力ならびに乳幼児期の
ケアおよび発達の分野）で、データが年齢、性別、障害、地理的所在、民族的
出身および社会経済的背景別に細分化されたデータ収集システムを改善する
とともに、当該データを政策立案およびプログラム策定のために活用するよ
う、勧告する。

独立の監視
12. 地方レベルで33の子どものためのオンブズパーソンが設置されているこ
　　とには留意しながらも、これらの機関は財政面および人事面の独立性ならび
　　に救済機構を欠いているとされる。委員会は、締約国が以下の措置をとるよ
　　う勧告するものである。
　　(a) 子どもによる苦情を子どもにやさしいやり方で受理し、調査しかつこれ
　　　　に対応することのできる、子どもの権利を監視するための具体的機構を含
　　　　んだ、人権を監視するための独立した機構を迅速に設置するための措置。
　　(b) 人権の促進および保護のための国内機関の地位に関する原則（パリ原則）
　　　　の全面的遵守が確保されるよう、資金、任務および免責との関連も含めて
　　　　このような監視機関の独立を確保するための措置。

普及、意識啓発および研修
13. 意識啓発プログラムおよび子どもの権利キャンペーンを実施するために締
　　約国が行なっている努力を認識しつつ、委員会は、締約国が以下の措置をと
　　るよう勧告する。
　　(a) とくに子どもおよび親の間で、しかし立法手続および司法手続における
　　　　条約の適用を確保する目的で立法府議員および裁判官も対象として、条約
　　　　に関する情報の普及を拡大すること。
　　(b) 子どものためにおよび子どもとともに働くすべての者（教員、裁判官、弁
　　　　護士、家庭裁判所調査官、ソーシャルワーカー、法執行官、メディア従事者、公務員
　　　　およびあらゆるレベルの政府職員を含む）を対象として、条約およびその議定
　　　　書に関する具体的な研修セッションを定期的に実施すること。

市民社会との協力
14. 締約国報告書の作成過程における市民社会との会合および意見交換は歓迎
　　しながらも、委員会は、締約国が、市民社会との協力を強化し、かつ条約実

施のあらゆる段階で市民社会組織の関与を組織的に得るよう勧告する。

子どもの権利とビジネスセクター

15. ビジネスセクターが子どもの権利に与える影響に関わる国の義務についての一般的意見16号（2013年）および2011年に人権理事会が賛同した「ビジネスと人権に関する原則」を参照しつつ、委員会は、締約国が以下の措置をとるよう勧告する。

(a) ビジネスと人権に関する国別行動計画を策定するにあたり、子どもの権利が統合され、かつ、企業に対し、定期的な子どもの権利影響評価および協議を実施すること、ならびに、自社の事業活動が及ぼす環境面の影響、健康関連の影響および人権面の影響ならびにこれらの影響に対処するための計画を全面的かつ公的に開示することが要求されることを確保すること。

(b) 子どもの権利に関連する国際基準（労働および環境に関するものを含む）の遵守についてビジネスセクターに説明責任を果たさせるための規則を採択しかつ実施すること。

(c) 旅行および観光の文脈における子どもの性的搾取の防止について、観光業界、メディア企業および広告企業、エンターテインメント業界ならびに公衆一般と連携して意識啓発キャンペーンを実施すること。

(d) 旅行代理店および観光業界の間で世界観光機関の世界観光倫理規範を広く普及すること。

B. 子どもの定義（第1条）

16. 女性および男性の双方について最低婚姻年齢を18歳と定めた民法改正には留意しながらも、委員会は、2022年にならなければ同改正が施行されないことを遺憾に思い、締約国が、それまでの間、条約に基づく締約国の義務にのっとって児童婚を完全に解消するために必要な移行措置をとるよう勧告する。

C. 一般原則（条約第2条、第3条、第6条および第12条）

差別の禁止

17. 委員会は、非婚の両親から生まれた子どもに同一の相続分を認めた「民法の一部を改正する法律」の修正〔原文ママ〕（2013年）、本邦外出身者に対す

る不当な差別的言動の解消に向けた取組の推進に関する法律の採択（2016年）、および、対話の際に挙げられた意識啓発活動に留意する。委員会はまた、強姦罪の構成要件を見直し、男子にも保護を与えた刑法の修正（2017年）も歓迎するものである。しかしながら、委員会は以下のことを依然として懸念する。

(a) 包括的な反差別法が存在しないこと。

(b) 非婚の両親から生まれた子どもの非嫡出性に関する戸籍法の差別的規定（とくに出生届に関するもの）が部分的に維持されていること。

(c) 周縁化されたさまざまな集団の子どもに対する社会的差別が根強く残っていること。

18. 委員会は、締約国に対し、以下の措置をとるよう促す。

(a) 包括的な反差別法を制定すること。

(b) 非婚の両親から生まれた子どもの地位に関連する規定を含め、理由の如何を問わず子どもを差別しているすべての規定を廃止すること。

(c) とくに民族的マイノリティ（アイヌ民族を含む）、被差別部落出身者の子ども、日本人以外の出自の子ども（コリアンなど）、移住労働者の子ども、レズビアン、ゲイ、バイセクシュアル、トランスジェンダーおよびインターセックスである子ども、婚外子ならびに障害のある子どもに対して現実に行なわれている差別を減少させかつ防止するための措置（意識啓発プログラム、キャンペーンおよび人権教育を含む）を強化すること。

子どもの最善の利益

19. 委員会は、自己の最善の利益を第一次的に考慮される子どもの権利が、とくに教育、代替的養護、家族紛争および少年司法において適切に統合されかつ一貫して解釈されているわけではなく、かつ、司法機関、行政機関および立法機関が、子どもに関連するすべての決定において子どもの最善の利益を考慮しているわけではないことに留意する。自己の最善の利益を第一次的に考慮される子どもの権利についての一般的意見14号（2013年）を参照しながら、委員会は、締約国が、子どもに関連するすべての法律および政策の影響評価を事前および事後に実施するための義務的手続を確立するよう勧告するものである。委員会はまた、子どもに関わる個別の事案で、子どもの最善の利益評価が、多職種チームによって、子ども本人の義務的参加を得て必ず行なわれるべきであることも勧告する。

生命、生存および発達に対する権利

20. 委員会は、前回の勧告（CRC/C/JPN/CO/3、パラ42）を想起し、締約国に
　　対し、以下の措置をとるよう促す。

　　(a)　子どもが、社会の競争的性質によって子ども時代および発達を害される
　　　　ことなく子ども時代を享受できることを確保するための措置をとること。

　　(b)　子どもの自殺の根本的原因に関する調査研究を行ない、防止措置を実施
　　　　し、かつ、学校にソーシャルワーカーおよび心理相談サービスを配置する
　　　　こと。

　　(c)　子ども施設が適切な最低安全基準を遵守することを確保するとともに、
　　　　子どもに関わる不慮の死亡または重傷の事案が自動的に、独立した立場か
　　　　ら、かつ公的に検証される制度を導入すること。

　　(d)　交通事故、学校事故および家庭内の事故を防止するための的を絞った措
　　　　置を強化するとともに、道路の安全、安全および応急手当の提供ならびに
　　　　小児緊急ケアの拡大を確保するための措置を含む適切な対応を確保するこ
　　　　と。

子どもの意見の尊重

21. 2016年の児童福祉法改正規定が子どもの意見の尊重に言及していること、
　　および、家事事件手続法が諸手続における子どもの参加に関わる規定を統合
　　していることには留意しながらも、委員会は、自己に関わるあらゆる事柄に
　　ついて自由に意見を表明する子どもの権利が尊重されていないことを依然と
　　して深刻に懸念する。

22. 意見を聴かれる子どもの権利についての一般的意見12号（2009年）を想
　　起しながら、委員会は、締約国に対し、子どもの脅迫および処罰を防止する
　　ための保護措置をとりつつ、意見を形成することのできるいかなる子どもに
　　対しても、年齢制限を設けることなく、その子どもに影響を与えるすべての
　　事柄について自由に意見を表明する権利を保障し、かつ、子どもの意見が正
　　当に重視されることを確保するよう、促す。委員会はさらに、締約国が、意
　　見を聴かれる権利を子どもが行使できるようにする環境を提供するとともに、
　　家庭、学校、代替的養護および保健医療の現場、子どもに関わる司法手続お
　　よび行政手続ならびに地域コミュニティにおいて、かつ環境問題を含むあら
　　ゆる関連の問題に関して、すべての子どもが意味のある形でかつエンパワー
　　されながら参加することを積極的に促進するよう、勧告するものである。

D. 市民的権利および自由（第7条、第8条および第13〜17条）

<u>出生登録および国籍</u>

23. 持続可能な開発目標のターゲット16.9に留意しつつ、委員会は、締約国
が以下の措置をとるよう勧告する。

   (a) 両親の国籍を取得できない子どもに対しても出生時に自動的に国籍を付
   与する目的で国籍法第2条（3）の適用範囲を拡大することを検討すると
   ともに、締約国に暮らしているすべての子ども（非正規移住者の子どもを含
   む）が適正に登録され、かつ法律上の無国籍から保護されることを確保す
   る目的で国籍および市民権に関わるその他の法律を見直すこと。

   (b) 登録されていないすべての子ども（庇護希望者である子どもなど）が教育、
   保健サービスその他の社会サービスを受けられることを確保するために必
   要な積極的措置をとること。

   (c) 無国籍の子どもを適正に特定しかつ保護するための無国籍認定手続を定
   めること。

   (d) 無国籍者の地位に関する条約および無国籍の削減に関する条約の批准を
   検討すること。

E. 子どもに対する暴力
   （第19条、第24条（3）、第28条（2）、第34条、第37条(a)および第39条）

<u>虐待、ネグレクトおよび性的搾取</u>

24. 委員会は、性的虐待の被害者のためのワンストップセンターが各都道府県
に設置されたこと、および、自己の監護下にある18歳未満の者と性交しま
たはこのような者をわいせつ行為の対象とした者に関わる罪名を新設する目的
で刑法第179条が改正された〔原文ママ〕ことを歓迎する。しかしながら委
員会は、あらゆる形態の暴力からの自由に対する子どもの権利についての委
員会の一般的意見13号（2011年）を想起し、かつ持続可能な開発目標のター
ゲット16.2に留意しながら、子どもの暴力、性的な虐待および搾取が高い
水準で発生していることを懸念し、締約国が、子どもに対するあらゆる形態
の暴力の撤廃に優先的に取り組み、かつ以下の措置をとるよう勧告するもの
である。

   (a) 虐待（学校におけるものも含む）および性的搾取の被害を受けた子どもを対
   象とし、被害を受けた子どもの特有のニーズに関する訓練を受けたスタッ

フによって支えられる、通報、苦情申立ておよび付託のための子どもにやさしい機構の設置を速やかに進めること。

(b) このような事件を捜査し、かつ加害者を裁判にかけるための努力を強化すること。

(c) 性的な搾取および虐待の被害を受けた子どもにスティグマが付与されることと闘うための意識啓発活動を実施すること。

(d) 子どもの虐待を防止しかつこれと闘うための包括的な戦略ならびに被害を受けた子どもの回復および社会的再統合のための政策を策定する目的で、子どもたちの関与を得て教育プログラムを強化すること。

体罰

25. 委員会は、学校における体罰が法律で禁じられていることに留意する。しかしながら、委員会は以下のことを深刻に懸念するものである。

(a) 学校における禁止が効果的に実施されていないこと。

(b) 家庭および代替的養育の現場における体罰が法律で全面的に禁じられていないこと。

(c) とくに民法および児童虐待防止法が適切な懲戒の使用を認めており、かつ体罰の許容性について明確でないこと。

26. 委員会は、体罰その他の残虐なまたは品位を傷つける形態の罰から保護される子どもの権利についての一般的意見 8 号(2006 年)に留意しながら、委員会の前回の総括的勧告(CRC/C/JPN/CO/3、パラ 48)を想起するとともに、締約国に対し、以下の措置をとるよう促す。

(a) 家庭、代替的養護および保育の現場ならびに刑事施設を含むあらゆる場面におけるあらゆる体罰を、いかに軽いものであっても、法律(とくに児童虐待防止法および民法)において明示的かつ全面的に禁止すること。

(b) 意識啓発キャンペーンを強化し、かつ積極的な、非暴力的なかつ参加型の形態の子育てならびにしつけおよび規律を推進する等の手段により、あらゆる現場で実際に体罰を解消するための措置を強化すること。

F. 家庭環境および代替的養護(第 5 条、第 9〜11 条、第 18 条(1)および(2)、第 20 条、第 21 条、第 25 条ならびに第 27 条(4))

家庭環境

27. 委員会は、締約国が、以下のことを目的として、十分な人的資源、技術的

資源および財源に裏づけられたあらゆる必要な措置をとるよう勧告する。

(a)　仕事と家庭生活との適切なバランスを促進すること等の手段によって家族の支援および強化を図るとともに、とくに子どもの遺棄および施設措置を防止する目的で、困窮している家族に対して十分な社会的援助、心理社会的支援および指導を提供すること。

(b)　子どもの最善の利益に合致する場合には（外国籍の親も含めて）子どもの共同親権を認める目的で、離婚後の親子関係について定めた法律を改正するとともに、非同居親との個人的関係および直接の接触を維持する子どもの権利が恒常的に行使できることを確保すること。

(c)　家事紛争（たとえば子どもの扶養料に関するもの）における裁判所の命令の法執行を強化すること。

(d)　子およびその他の親族の扶養料の国際的回収に関するハーグ条約、扶養義務の準拠法に関するハーグ議定書、および、親責任および子の保護措置に関する管轄権、準拠法、承認、執行および協力に関するハーグ条約の批准を検討すること。

家庭環境を奪われた子ども

28.　委員会は、家庭を基盤とする養育の原則を導入した2016年の児童福祉法改正、および、6歳未満の子どもは施設に措置されるべきではないとする「新しい社会的養育ビジョン」（2017年）の承認に留意する。しかしながら、委員会は以下のことを深刻に懸念するものである。

(a)　家族から分離される子どもが多数にのぼるとの報告があること、および、子どもは裁判所の命令なくして家族から分離される可能性があり、かつ最高2か月、児童相談所に措置されうること。

(b)　いまなお多数の子どもが、水準が不十分であり、子どもの虐待の事件が報告されており、かつ外部者による監視および評価の機構も設けられていない施設に措置されていること。

(c)　児童相談所がより多くの子どもを受け入れることに対する強力な金銭的インセンティブが存在すると主張されていること。

(d)　里親が包括的支援、十分な研修および監視を受けていないこと。

(e)　施設に措置された子どもが、生物学的親との接触を維持する権利を剥奪されていること。

(f)　児童相談所に対し、生物学的親が子どもの分離に反対する場合または子どもの措置に関する生物学的親の決定が子どもの最善の利益に反する場合

には家庭裁判所に申立てを行なうべきである旨の明確な指示が与えられていないこと。

29. 子どもの代替的養護に関する指針に対して締約国の注意を喚起しつつ、委員会は、締約国に対し、以下の措置をとるよう促す。

(a) 子どもを家族から分離するべきか否かの決定に関して義務的司法審査を導入し、子どもの分離に関する明確な基準を定め、かつ、親からの子どもの分離が、最後の手段としてのみ、それが子どもの保護のために必要でありかつ子どもの最善の利益に合致する場合に、子どもおよびその親の意見を聴取した後に行なわれることを確保すること。

(b) 明確なスケジュールに沿った「新しい社会的養育ビジョン」の迅速かつ効果的な執行、6歳未満の子どもを手始めとする子どもの速やかな脱施設化およびフォスタリング機関の設置を確保すること。

(c) 児童相談所における子どもの一時保護の実務慣行を廃止すること。

(d) 代替的養護の現場における子どもの虐待を防止し、これらの虐待について捜査を行ない、かつ虐待を行なった者を訴追すること、里親養育および施設的環境（児童相談所など）への子どもの措置が独立した外部者により定期的に再審査されることを確保すること、ならびに、子どもの不当な取扱いの通報、監視および是正のためのアクセスしやすく安全な回路を用意する等の手段により、これらの環境におけるケアの質を監視すること。

(e) 財源を施設から家族的環境（里親家族など）に振り向け直すとともに、すべての里親が包括的な支援、十分な研修および監視を受けることを確保しながら、脱施設化を実行に移す自治体の能力を強化し、かつ同時に家庭を基盤とする養育体制を強化すること。

(f) 子どもの措置に関する生物学的親の決定が子どもの最善の利益に反する場合には家庭裁判所に申立てを行なうよう児童相談所に明確な指示を与える目的で、里親委託ガイドラインを改正すること。

養子縁組

30. 委員会は、締約国が以下の措置をとるよう勧告する。

(a) すべての養子縁組（養子となる子どもまたは保護者の直系親族によるものを含む）が裁判所による許可の対象とされ、かつ子どもの最善の利益にしたがって行なわれることを確保すること。

(b) 養子とされたすべての子どもの登録情報を維持し、かつ国際養子縁組に関する中央当局を設置すること。

(c) 国際養子縁組についての子の保護および協力に関するハーグ条約の批准を検討すること。

不法な移送および不返還

31. 委員会は、締約国が、子どもの不法な移送および不返還を防止しかつこれと闘い、国内法を国際的な子の奪取の民事上の側面に関するハーグ条約と調和させ、かつ、子どもの返還および面会交流権に関する司法決定の適正かつ迅速な実施を確保するために、あらゆる必要な努力を行なうよう、勧告する。委員会はさらに、締約国が、関連諸国、とくに締約国が監護または面会権に関する協定を締結している国々との対話および協議を強化するよう、勧告するものである。

G. 障害、基礎保健および福祉（第6条、第18条（3）、第23条、第24条、第26条、第27条（1）～（3）および第33条）

障害のある子ども

32. 委員会は、合理的配慮の概念を導入した2011年の障害者基本法改正および障害者差別解消法の採択（2013年）を歓迎する。障害のある子どもの権利についての一般的意見9号（2006年）に留意しながら、委員会は、前回の勧告（CRC/C/JPN/CO/3、パラ59）を想起するとともに、締約国が、障害について人権を基盤とするアプローチをとり、障害のある子どものインクルージョンのための包括的戦略を確立し、かつ以下の措置をとるよう勧告するものである。

(a) 障害のある子どもに関するデータを恒常的に収集し、かつ効率的な障害診断システムを発展させること（このことは、障害のある子どものための適切な政策およびプログラムを整備するために必要である）。

(b) 統合された学級におけるインクルーシブ教育を発展させかつ実施すること、ならびに、専門教員および専門家を養成し、かつ学習障害のある子どもに個別支援およびあらゆる適正な配慮を提供する統合された学級に配置すること。

(c) 学童保育サービスの施設および人員に関する基準を厳格に適用し、かつその実施を監視するとともに、これらのサービスがインクルーシブであることを確保すること。

(d) 障害のある子どもが保健ケア（早期発見介入プログラムを含む）にアクセス

できることを確保するための即時的措置をとること。

(e) 障害のある子どもとともに働く専門スタッフ（教員、ソーシャルワーカーならびに保健、医療、治療およびケアに従事する人材など）を養成しかつ増員すること。

(f) 障害のある子どもに対するスティグマおよび偏見と闘い、かつこのような子どもの積極的イメージを促進する目的で、政府職員、公衆および家族を対象とする意識啓発キャンペーンを実施すること。

健康および保健サービス

33. 到達可能な最高水準の健康を享受する子どもの権利についての一般的意見15号（2013年）および持続可能な開発目標のターゲット2.2を想起しながら、委員会は、締約国が以下の措置をとるよう勧告する。

(a) 高い低体重出生率の根本的原因を分析するとともに、「健やか親子21（第2次）」キャンペーン等を通じ、乳児の出生体重ならびに乳児、子どもおよび母親の栄養状態を効果的に向上させるためのエビデンスに基づいた措置を導入すること。

(b) 柔軟な勤務形態および産後休暇期間の延長を奨励する等の手段によって少なくとも産後6か月間の完全母乳育児を促進し、母性保護に関する国際労働機関条約（2000年、第183号）の批准を検討し、「母乳代替品の販売促進に関する国際基準」を全面的に実施し、病院、診療所およびコミュニティにおける相談体制を通じて母親に適切な支援を提供し、かつ全国で「赤ちゃんにやさしい病院」イニシアティブを実施することを目的とする包括的キャンペーンを実施するため、あらゆる必要な措置をとること。

リプロダクティブヘルスおよび精神保健

34. 委員会は以下のことを深刻に懸念する。

(a) 思春期の子どもの間でHIV／AIDSその他の性感染症の感染率が高まっており、かつ、セクシュアルヘルスおよびリプロダクティブヘルスならびに家族計画についての学校におけるサービスおよび教育が限られていること。

(b) 10代女子の妊娠中絶率が高く、かつ刑法で堕胎が違法とされていること。

(c) 思春期の子どもの精神保健に対する関心が不十分であること、精神保健上の問題に対する社会の態度が否定的であること、および、児童心理学者

その他の専門的人材が不足していること。

 (d) 子どもが注意欠陥・多動性障害をともなう行動上の問題を有している旨の診断および精神刺激薬によるその治療が増加している一方で、社会的決定要因および非医学的形態の処遇が等閑視されていること。

35. 条約の文脈における思春期の健康と発達についての一般的意見4号（2003年）および思春期における子どもの権利の実施についての一般的意見20号（2016年）を参照し、かつ持続可能な開発目標のターゲット5.6に留意しながら、委員会は、締約国に対し、以下の措置をとるよう促す。

 (a) 思春期の子どものセクシュアルヘルスおよびリプロダクティブヘルスに関する包括的政策を採択するとともに、セクシュアルヘルスおよびリプロダクティブヘルスに関する教育が、早期妊娠および性感染症の防止にとくに注意を払いながら、学校の必須カリキュラムの一部として一貫して実施され、かつ思春期の女子および男子がその明確な対象とされることを確保すること。

 (b) 良質な、年齢にふさわしいHIV／AIDS関連サービスおよび学校における教育へのアクセスを向上させ、妊娠しているHIV陽性の女子を対象とする抗レトロウィルス治療および予防治療へのアクセスおよびその受療率を向上させ、かつ、エイズ治療・研究開発センターおよび14か所に設置されたそのブロック拠点病院に十分な支援を提供すること。

 (c) あらゆる状況における中絶の非犯罪化を検討するとともに、思春期の女子を対象とする、安全な中絶および中絶後のケアのためのサービスへのアクセスを高めること。

 (d) 根本的原因の分析、意識啓発および専門家の増員を含む学際的アプローチを通じ、子どもおよび思春期の青少年の情緒的および心理的ウェルビーイングへの対処を進めること。

 (e) 注意欠陥・多動性障害を有する子どもの診断が徹底的に吟味されること、薬物の処方が最後の手段として、かつ個別アセスメントを経た後に初めて行なわれること、および、子どもおよびその親に対して薬物の副作用の可能性および非医療的な代替的手段について適正な情報提供が行なわれることを確保するとともに、注意欠陥・多動性障害の診断および精神刺激薬の処方が増加している根本的原因についての研究を実施すること。

環境保健

36. 委員会は、子ども被災者支援法、福島県民健康管理基金および「被災し

た子どもの健康・生活対策等総合支援事業」の存在に留意する。しかしながら委員会は、持続可能な開発目標のターゲット3.9を想起しつつ、締約国が以下の措置をとるよう勧告するものである。

(a) 避難対象区域における放射線への曝露〔の基準〕が、子どもにとってのリスク要因に関する国際的に受け入れられた知見と合致することを再確認すること。

(b) 帰還先に指定されていない地域出身の避難者（とくに子ども）に対し、金銭的支援、住居支援、医療支援その他の支援を引き続き提供すること。

(c) 放射線の影響を受けている福島県在住の子どもへの、医療サービスその他のサービスの提供を強化すること。

(d) 放射線量が年間1mSvを超える地域の子どもを対象として、包括的かつ長期的な健康診断を実施すること。

(e) すべての避難者および住民（とくに子どものような脆弱な立場に置かれた集団）が精神保健に関わる施設、物資およびサービスを利用できることを確保すること。

(f) 教科書および教材において、放射線への曝露のリスクについておよび子どもは放射線への曝露に対していっそう脆弱であることについての正確な情報を提供すること。

(g) 到達可能な最高水準の身体的および精神的健康を享受するすべての人の権利に関する特別報告者が行なった勧告（A/HRC/23/41/Add.3参照）を実施すること。

気候変動が子どもの権利に及ぼす影響

37. 委員会は、持続可能な開発目標の目標13およびそのターゲットに対する注意を喚起する。とくに、委員会は、締約国が以下の措置をとるよう勧告するものである。

(a) 気候変動および災害リスク管理の問題を扱う政策またはプログラムの策定にあたり、子どもの特別な脆弱性およびニーズならびに子どもたちの意見が考慮されることを確保すること。

(b) 気候変動および自然災害に関する子どもの意識および備えを、学校カリキュラムおよび教員養成・研修プログラムにこの問題を編入することによって高めること。

(c) 国際的、地域的および国内的な政策、枠組みおよび協定をしかるべく策定する目的で、さまざまな災害の発生に対して子どもが直面するリスクの

諸態様の特定につながる細分化されたデータを収集すること。

(d) 子どもの権利、とくに健康、食料および十分な生活水準に対する権利の享受を脅かすレベルの気候変動を回避するための国際的誓約にのっとって温室ガスの放出量を削減すること等により、気候〔変動〕緩和政策が条約と両立することを確保すること。

(e) 他国の石炭火力発電所に対する締約国の資金拠出を再検討するとともに、これらの発電所が持続可能なエネルギーを用いた発電所によって徐々にとって代わられることを確保すること。

(f) これらの勧告の実施にあたり、二国間協力、多国間協力、地域的協力および国際協力を求めること。

生活水準

38. 社会的移転および児童扶養手当のようなさまざまな措置には留意しながらも、委員会は、持続可能な開発目標のターゲット1.3に対する注意を喚起し、締約国が以下の措置をとるよう勧告する。

(a) 家族給付および子ども手当の制度を強化する等の手段により、親に対して適切な社会的援助を与えるための努力を強化すること。

(b) 子どもの貧困および社会的排除を低減させるための戦略および措置を強化する目的で、家族および子どもとの的を絞った協議を実施すること。

(c) 子供の貧困対策に関する大綱（2014年）を実施するために必要なあらゆる措置をとること。

H. 教育、余暇および文化的活動（第28〜31条）

教育（職業訓練および職業指導を含む）

39. 持続可能な開発目標のターゲット4.a、とくにいじめを経験する生徒の割合に関する指標4.a.2に留意しつつ、委員会は、前回の勧告（CRC/C/JPN/CO/3、パラ71、75および76）を想起し、締約国が以下の措置をとるよう勧告する。

(a) いじめ防止対策推進法に基づく効果的ないじめ対策、ならびに、学校におけるいじめを防止するための反いじめプログラムおよびキャンペーンを実施すること。

(b) ストレスの多い学校環境（過度に競争的なシステムを含む）から子どもを解放するための措置を強化すること。

(c) 「〔高校〕授業料無償化制度」の朝鮮学校への適用を促進するために基準を見直すとともに、大学・短期大学入試へのアクセスに関して差別が行なわれないことを確保すること。

乳幼児期の発達

40. 委員会は、保育所等における保育の質の確保・向上に関する検討会の設置（2018年）および「子育て安心プラン」（2017年）を歓迎する。持続可能な開発目標のターゲット4.2に留意しつつ、委員会は、前回の勧告（パラ71、73、75および76）を想起し、締約国が以下の措置をとるよう勧告する。

(a) 3〜5歳の子どもを対象とする幼稚園、保育所および認定こども園の無償化計画を効果的に実施すること。

(b) 質の向上を図りつつ、2020年末までに不足を減らし、かつ新たな受入れの余地を設けて、大都市部における保育施設受入れ可能人数を拡大するための努力を継続すること。

(c) 保育を、負担可能で、アクセスしやすく、かつ保育施設の設備および運営に関する最低基準に合致したものにすること。

(d) 保育の質を確保しかつ向上させるための具体的措置をとること。

(e) 前掲(a)〜(d)に掲げられた措置のために十分な予算を配分すること。

休息、余暇、レクリエーションならびに文化的および芸術的活動

41. 休息、余暇、遊び、レクリエーション活動、文化的生活および芸術に対する子どもの権利についての一般的意見17号（2013年）を参照しつつ、委員会は、締約国が、十分かつ持続可能な資源をともなった遊び・余暇政策の採択および実施を図り、かつ余暇および自由な遊びのために十分な時間を配分する等の手段により、休息および余暇に対する子どもの権利ならびに子どもの年齢にふさわしい遊びおよびレクリエーション活動に従事する子どもの権利を保障するための努力を強化するよう、勧告する。

I. 特別な保護措置 〔第22条、第30条、第32条、第33条、第35条、第36条、第37条(b)〜(d)および第38〜40条〕

子どもの庇護希望者、移住者および難民

42. 国際移住の文脈にある子どもの人権についての合同一般的意見――すべての移住労働者およびその家族構成員の権利の保護に関する委員会の一般的意

見3号および4号（2017年）／子どもの権利委員会の一般的意見22号および23号（2017年）を想起しつつ、委員会は、前回の総括所見（CRC/C/JPN/CO/3、パラ78）を想起し、締約国が以下の措置をとるよう勧告する。

(a) 子どもに関連するすべての決定において子どもの最善の利益が第一次的に考慮され、かつノンルフールマンの原則が維持されることを確保すること。

(b) 庇護希望者である親が収容されて子どもから分離されることを防止するための法的枠組みを確立すること。

(c) 庇護希望者または移住者であって保護者のいない子どもまたは養育者から分離された子どもの収容を防止し、このようなすべての子どもが入管収容施設から直ちに放免されることを確保し、かつこれらの子どもに居住場所、適切なケアおよび教育へのアクセスを提供するために、公式な機構の設置等も通じた即時的措置をとること。

(d) 庇護希望者および難民（とくに子ども）に対するヘイトスピーチに対抗するためのキャンペーンを発展させること。

売買、取引および誘拐

43. 委員会は、締約国が以下の措置をとるよう勧告する。

(a) 子どもの人身取引の加害者を裁判にかけるための努力を増強するとともに、子どもの人身取引の犯罪に対する処罰を強化し、かつこのような犯罪について罰金をもって刑に代えることを認めないこと。

(b) 人身取引の被害を受けた子どもが適正に特定され、かつサービスに付託されることを確保するため、被害者スクリーニングを増強すること。

(c) 人身取引の被害を受けた子どもに対する専門的ケアおよび援助（居住場所ならびに身体的および心理的回復およびリハビリテーションのための子どもにやさしい包括的な援助を含む）のための資源を増加させること。

少年司法の運営

44. 委員会は、再犯防止推進計画（2017年）に留意する。しかしながら、委員会は以下のことを深刻に懸念するものである。

(a) 「刑事処罰に関する最低年齢」が16歳から14歳に引き下げられたこと。

(b) 弁護人選任権が組織的に実施されていないこと。

(c) 重罪を犯した16歳の子どもが成人刑事裁判所に送致されうること。

(d) 14〜16歳の子どもが矯正施設に拘禁されること。

(e) 「罪を犯すおそれがある」とされた子どもが自由を剥奪される場合があること。

(f) 子どもが終身刑〔無期刑〕を科されており、かつ、仮釈放までに必要な最低期間よりも相当長く拘禁されるのが一般的であること。

45. 委員会は、締約国に対し、少年司法制度を条約その他の関連基準に全面的にのっとったものとするよう促す。とくに委員会は、前回の総括所見（CRC/C/JPN/CO/3、パラ85）を想起し、締約国に対し、以下の措置をとるよう促すものである。

(a) 子どもの犯罪の根本的原因を研究し、かつ防止措置を緊急に実施すること。

(b) 「刑事処罰に関する最低年齢」をふたたび16歳とすることの再検討の参考とするため、2000年以降の子どもの犯罪の傾向を研究すること。

(c) 法律に抵触した子どもに対し、手続の早い段階で、かつ法的手続全体を通じて、有資格者による独立の立場からの法的援助が提供されることを確保すること。

(d) いかなる子どもも成人刑事裁判所による審理の対象とされないことを確保するとともに、刑法上の罪に問われた子どもの事件における非司法的措置（ダイバージョン、保護観察、調停、カウンセリングまたは地域奉仕活動など）の利用を増やし、かつ可能な場合には常に拘禁をともなわない刑を用いること。

(e) 審判前および審判後の自由の剥奪が最後の手段としてかつ可能なもっとも短い期間で用いられ、かつ、当該自由の剥奪がその取消しを目的として定期的に再審査されることを確保するとともに、とくに以下の措置をとること。

(i) 子どもが「罪を犯すおそれがある」旨の認定について再検討し、かつこのような子どもの拘禁を終了させること。

(ii) 子どもが行なった犯罪について終身刑〔無期刑〕および不定期刑を用いることを再検討し、かつ、拘禁がもっとも短い適切な期間で用いられることを確保するために特別な仮釈放制度を適用すること。

子どもの売買、児童買春および児童ポルノに関する選択議定書の実施についての委員会の前回の総括所見および勧告のフォローアップ

46. 子どもの売買、児童買春および児童ポルノに関する選択議定書に基づく締約国報告書についての2010年の委員会の勧告（CRC/C/OPSC/JPN/CO/1）を

実施するために締約国が行なった努力には評価の意とともに留意しながらも、委員会は、締約国が以下の措置をとるよう勧告する。

(a) あからさまな性的活動に従事する子ども（または主として子どもとして描かれている者）の画像および表現または性的目的で子どもの性的部位を描いたあらゆる表現の製造、流通、配布、提供、販売、これらの表現へのアクセス、その閲覧および所持を犯罪化すること。

(b) 「女子高生サービス」〔JK ビジネス〕および児童エロチカなど、児童買春および子どもの性的搾取を促進またはこれにつながる商業的活動を禁止すること。

(c) 加害者の責任および被害を受けた子どもの救済を確保するため、オンラインおよびオフラインにおける子どもの売買、児童買春および児童ポルノに関連する犯罪を捜査し、訴追しかつ処罰するための努力を増進すること。

(d) 性的な虐待および搾取の被害を受けた子どもに焦点を当てた質の高い統合的なケアおよび援助を提供するため、ワンストップ・クライシスセンターへの資金拠出および支援を引き続き増進すること。

(e) 生徒、親、教員およびケアに従事する者を対象とした、新たな技術に関連するリスクおよび安全なインターネットの利用に関する意識啓発プログラム（キャンペーンを含む）を強化すること。

(f) 子どもの売買、児童買春および児童ポルノに関する特別報告者が行なった勧告（A/HRC/31/58/Add.1、パラ74）を実施すること。

武力紛争への子どもの関与に関する選択議定書の実施についての委員会の前回の総括所見および勧告のフォローアップ

47. 武力紛争への子どもの関与に関する選択議定書に基づく締約国報告書についての2010年の委員会の勧告（CRC/C/OPAC/JPN/CO/1 参照）を実施するために締約国が行なった努力には評価の意とともに留意しながらも、委員会は、締約国が、日本の自衛隊を対象とする選択議定書の規定に関する研修を、とくに自衛隊が国連平和維持活動に参加する際に、引き続き強化するための具体的措置をとるよう勧告する。

J. 通報手続に関する選択議定書の批准

48. 委員会は、締約国が、子どもの権利の充足をさらに強化する目的で、通報手続に関する選択議定書を批准するよう勧告する。

K. 国際人権文書の批准

49. 委員会は、締約国が、子どもの権利の充足をさらに強化する目的で、締約国がまだ加盟していない以下の中核的人権文書の批准を検討するよう勧告する。
(a) 市民的および政治的権利に関する国際規約の第1選択議定書。
(b) 死刑の廃止を目指す、市民的および政治的権利に関する国際規約の第2選択議定書。
(c) 経済的、社会的および文化的権利に関する国際規約の選択議定書。
(d) 女性に対するあらゆる形態の差別の撤廃に関する条約の選択議定書。
(e) 拷問および他の残虐な、非人道的なまたは品位を傷つける取扱いまたは刑罰に関する条約の選択議定書。
(f) すべての移住労働者およびその家族構成員の権利の保護に関する国際条約。
(g) 障害のある人の権利に関する条約の選択議定書。

L. 地域機関との協力

50. 委員会は、締約国が、とくに東南アジア諸国連合・女性および子どもの権利の促進および保護に関する委員会と協力するよう勧告する。

Ⅳ. 実施および報告

A. フォローアップおよび普及
51. 委員会は、締約国が、この総括所見に掲げられた勧告が全面的に実施されることを確保するためにあらゆる適切な措置をとるよう勧告する。委員会はまた、第4回・第5回統合定期報告書、事前質問事項に対する文書回答およびこの総括所見を同国の言語で広く入手できるようにすることも勧告するものである。

B. 報告およびフォローアップのための国内機構
52. 委員会は、締約国が、国際的および地域的人権機構への報告書の調整および作成ならびにこれらの機構への関与、ならびに、条約上の義務ならびにこれらの機構から出された勧告および決定の国内におけるフォローアップおよび実施の調整および追跡を任務とする常設の政府機関として、報告およびフ

ォローアップのための国内機構を設置するよう、勧告する。委員会は、このような機関は専任のスタッフによる十分かつ継続的な支援を受けるべきであり、かつ市民社会と組織的に協議する能力を持つべきであることを強調するものである。

C. 次回報告書

53. 委員会は、締約国に対し、第6回・第7回統合定期報告書を2024年11月21日までに提出し、かつ、この総括所見のフォローアップに関する情報を当該報告書に記載するよう慫慂する。報告書は、2014年1月31日に採択された委員会の条約別調和化報告ガイドライン（CRC/C/58/Rev.3）にしたがうべきであり、かつ21,200語を超えるべきではない（総会決議68/268、パラ16参照）。定められた語数制限を超えた報告書が提出された場合、締約国は、前掲決議にしたがって報告書を短縮するよう求められることになる。締約国が報告書を見直しかつ再提出する立場にないときは、条約機関による審査のための報告書の翻訳は保障できない。

54. 委員会はまた、締約国に対し、国際人権条約に基づく報告についての調和化ガイドライン（共通コアドキュメントおよび条約別文書についてのガイドラインを含む）に掲げられた共通コアドキュメントについての要件（HRI/GEN/2/Rev.6、chap.I参照）および総会決議68/268のパラ16にしたがい、最新のコアドキュメントを、42,400語を超えない範囲で提出することも慫慂する。

＊　委員会により、第80会期（2019年1月14日〜2月1日）に採択。

〈資料〉国連・子どもの権利委員会 一般的意見一覧

● 1 号（2001年）	第29条 1 項：教育の目的
● 2 号（2002年）	子どもの権利の保護および促進における独立した国内人権機関の役割
● 3 号（2003年）	HIV/AIDSと子どもの権利
● 4 号（同）	子どもの権利条約の文脈における思春期の健康と発達
● 5 号（同）	子どもの権利条約の実施に関する一般的措置
● 6 号（2005年）	出身国外にあって保護者のいない子どもおよび養育者から分離された子どもの取扱い
● 7 号（同）	乳幼児期における子どもの権利の実施
● 8 号（2006年）	体罰その他の残虐なまたは品位を傷つける形態の罰から保護される子どもの権利
● 9 号（同）	障害のある子どもの権利
● 10号（2007年）	少年司法における子どもの権利
● 11号（2009年）	先住民族の子どもとその条約上の権利
● 12号（同）	意見を聴かれる子どもの権利
● 13号（2011年）	あらゆる形態の暴力からの自由に対する子どもの権利
● 14号（2013年）	自己の最善の利益を第一次的に考慮される子どもの権利（第 3 条第 1 項）
● 15号（同）	到達可能な最高水準の健康を享受する子どもの権利
● 16号（同）	企業セクターが子どもの権利に与える影響に関わる国の義務について
● 17号（同）	休息、余暇、遊び、レクリエーション活動、文化的生活および芸術に対する子どもの権利
● 18号（2014年）	有害慣行
● 19号（2016年）	子どもの権利実現のための公共予算
● 20号（同）	思春期における子どもの権利の実施
● 21号（2017年）	路上の状況にある子ども
● 22号（同）	国際移住の文脈にある子どもの人権についての一般的原則
● 23号（同）	出身国、通過国、目的地国および帰還国における国際的移住の文脈にある子どもの人権についての国家の義務
● 24号（2019年）	子ども司法制度における子どもの権利

※ 一般的意見の日本語訳は「ARC 平野裕二の子どもの権利・国際情報サイト」を参照。
https://w.atwiki.jp/childrights/pages/32.html

〈資料〉国連・子どもの権利委員会　総括所見比較表

（第 1 回〔1998 年〕・第 2 回〔2004 年〕・第 3 回〔2010 年〕・第 4 回〔2019 年〕）

作成：子どもの権利条約 NGO レポート連絡会議（2019 年 10 月）

※第 1 回～第 4 回の欄内の数字は各総括所見のパラグラフ番号。●がついている項目は第 4 回所見で優先的対応が必要とされた分野。

※略語：CCPR（08）：自由権規約委員会の 2008 年所見　CCPR（14）：同 2014 年所見／CESCR（01）：社会権規約委員会の 2001 年所見　CESCR（13）：同 2013 年所見／CEDAW（09）：女性差別撤廃委員会の 2009 年所見　CEDAW（16）：同 2016 年所見／CERD（10）：人種差別撤廃委員会の 2010 年所見　CERD（14）：同 2014 年所見　CERD（18）：同 2018 年総括所見／CAT（13）：拷問禁止委員会の 2013 年所見／CED（18）：強制失踪委員会の 2018 年所見

項目	勧告内容	第1回	第2回	第3回	第4回	他の人権条約機関の主な関連勧告
1．実施に関する一般的措置						
SDGs	SDGs（持続可能な開発目標）の実施				5	
前回の勧告	前回の総括所見の勧告の実施		7	8		
留保・解釈宣言	留保の撤回	28	9	10	6	
	解釈宣言の撤回	28	9			
立法	国内裁判所における人権条約の援用	29			(13a)	CESCR（13）7
	法律の包括的な見直し・改正		11	12	7	
	子どもの権利に関する包括的法律の採択			12	7	
政策・行動計画	包括的な政策・行動計画	30	13a	16	8	
	政策実施のための資源・体制			16	8・10d	
	政策の立案・実施における子ども・市民社会との協力		13	16		
	「子どもにふさわしい世界」（2002年）の考慮		13a	16		
条約実施の調整	調整の強化／調整機関の設置	30		14	9	
	調整における市民社会との協力			14		
資源配分	子どもに配分される国家予算の額・割合の特定		17			CESCR（13）9
	子どもの権利保障のための予算の検討・確保・追跡			20	10	
	後退的措置からの子ども関連予算の保護			20c	10c	
	予算に関する子ども・市民社会との協議			20e		
データ収集	データ収集（機構）の強化・改善	31	17	22	11	CERD（10）17
	子どもの権利の進展・政策効果を評価する指標の開発	31		20d・22		
独立の監視	子どもの権利に関する独立した監視機構の設置	32	15	18	12	

独立の監視	パリ原則にのっとった独立の監視機構の設置 ※CCPR(08)9　(14)7／CEDAW(09)24　(16)15　CESCR(01)38　(13)8／CERD(10)12　(14)9　(18)10		15a・b	18a	12b	※「勧告内容」参照
	地方レベルの子どものオンブズパーソンの設置促進		15c			
	国内人権機関・地方オンブズパーソンへの人的・財政的支援		15d			
広報・研修	条約に関する意識啓発キャンペーン等	33	21a			
	子どもの権利主体性に関する啓発	33	21a			
	子どもや親を対象とする広報	33	21a	24・51	13a	
	子どもに関わる専門職への体系的かつ継続的な教育・研修	33	21b	24	13b	
	議員・裁判官を対象とする広報				13a	
	マイノリティの言語への条約の翻訳	33				
	意識啓発キャンペーン・研修等の影響評価		21c			
	学校カリキュラムへの人権教育・子どもの権利教育の統合	33	21d			
市民社会との協力	市民社会との組織的協力	34	19	26	14	
子どもの権利とビジネス	企業の社会的・環境的責任に関する規制の確立・実施			28	15b	
	子どもの権利等に関する影響評価				15a	
	旅行・観光における子どもの性的搾取の防止				15c・d	
国際協力	ODAに関する国際的達成目標へのコミットメントの再検討			30		
	供与相手国の総括所見・勧告の考慮			30		
2．子どもの定義						
子どもの定義	女子の最低婚姻年齢の引き上げ ※CCPR(08)11(14)8／CEDAW(09)18　(16)13a	35	23a	32	16	※「勧告内容」参照
	性的同意年齢の引き上げ ※CCPR(08)14・27　(14)8／CEDAW(09)18			28b		※「勧告内容」参照
3．一般原則						
●差別の禁止	包括的な反差別法の制定			34a	18a	CESCR(13)11 CERD(14)8
	婚外子を差別する法律の改正 ※CCPR(08)28／CEDAW(09)18　(16)13b　CESCR(01)41　(13)10	35	25	34a	18b	※「勧告内容」参照

●差別の禁止	特に以下の子どもへの差別を解消・防止するための措置（意識啓発キャンペーンを含む） ◆第1回：コリアン・アイヌを含むマイノリティ ◆第2回：女子／障害のある子ども／アメラジアン、コリアン、部落、アイヌその他のマイノリティ／移住労働者／難民・庇護希望者 ◆第3回：女子／民族的マイノリティ（アイヌ・コリアン・被差別部落出身者等）／日本人ではない子ども／障害のある子ども ◆第4回：民族的マイノリティ（アイヌ民族を含む）／被差別部落出身者／日本人以外の出自の子ども（コリアンなど）／移住労働者／LGBTI／婚外子／障害のある子ども	35	25	35b・87		18c・32f・42d	ＣＣＰＲ(08)31・32 (14)12 CESCR(13)13 CEDAW(09)22・47 CERD(01)14 (10)17・19・20・21 (14)11・26 (18)14・22
	ダーバン宣言・行動計画のフォローアップ		26				CERD(10)28 (14)28
	男女を問わない強姦被害者への保護の確保（刑法改正） ※CCPR(14)10／CEDAW(09)14 (16)23		52a	36			※「勧告内容」参照
子どもの最善の利益	法律・決定・計画等への子どもの最善の利益原則の反映・統合	35			38	19	
	法律・政策の影響評価手続の導入					19	
	個別事案における子どもの最善の利益評価の実施					19	
	子どものケア・保護に関するサービス基準の策定と遵守				40		
生命・生存・発達	社会の競争的性質が及ぼす悪影響への対応					20a	
	若者の自殺を防止するための対策	42	48	42		20b	CEDAW(16)39c
	子ども施設における適切な最低安全基準の遵守			42		20c	
	チャイルド・デス・レビュー制度（重傷事案含む）の導入					20c	
	家庭・学校・路上における事故の防止					20d	
	小児緊急ケアの拡大					20d	
●子どもの意見の尊重	法律・決定・計画等への子どもの意見の尊重原則の反映・統合	35				22	
	諸場面における子どもの意見の尊重／子ども参加の促進			28a	44	22	
	子どもがこの権利を知ることの確保			28a			
	子どものこのような権利に関する大人向けの啓発			28b			
	子どもの意見の考慮・影響に関する定期的検討			28c			
	子ども関連施設における子どもの制度的参加			28d			
	脅迫・処罰等からの保護					22	

	4．市民的権利および自由					
出生登録・国籍	すべての子どもの出生登録の確保			46a	23a	
	未登録の子どもの保護				23b	
	無国籍を防止するための法改正		32	46a	23a	CERD(10)27
	無国籍認定手続の導入				23c	
	無国籍者関連条約の批准			46b	23d	CERD(18)34e
表現・結社の自由	生徒が行なう活動／団体加入への制限の撤廃		30			
プライバシー	家庭・学校・施設等におけるプライバシー権の保障	36		34a		
	プライバシー確保のための児童福祉施設最低基準の改正			34b		
適切な情報アクセス	電子メディア・視聴覚メディアの有害な影響からの保護	37				CEDAW(16)21b
	5．子どもに対する暴力					
児童虐待・ネグレクト	児童虐待に関する分野横断的な国家戦略の策定		38a		24d	
	虐待・不当な取り扱いに関する詳しい情報・データの収集	40				
	子どもにやさしい通報・苦情申立て制度の確立	40			24a・29d	
	虐待を受けた子どもの保護措置の改善		38b	57b	24d	
	関連の専門家の研修		38d			CCPR(08)14
	児童相談所の専門スタッフの増員		38c			
	事案の適切な調査・加害者への制裁等	40			24b	CEDAW(16)23f
	意識啓発キャンペーン・虐待防止プログラム等の実施			57a	24d	
	性的搾取・虐待を受けた子どもへのスティグマの防止				24c	
●体罰	あらゆる場面（家庭を含む）における体罰の明示的禁止	45	36a	48a	26a	CCPR(14)25 CAT(13)23
	体罰の禁止の効果的実施			48b	26b	
	積極的かつ非暴力的な形態の規律・しつけの促進	45	36b	48c	26b	
	苦情申立てのしくみの強化		36c			
	子どもに対する暴力に関する国連研究のフォローアップ				49	
	6．家庭環境および代替的養護					
家庭環境・親子関係	家族の支援・強化（ワーク・ライフ・バランスの促進を含む）			51	27a	
	不利な状況に置かれた家族への援助			51	27a	
	共同親権の導入（子どもの最善の利益にかなう場合）				27b	

家庭環境・親子関係	子どもの面会交流権の確保				27b	
	家事紛争に関する裁判所の命令の執行強化				2/c	
	関連するハーグ条約の批准の検討				27d	
●家庭環境を奪われた子ども	家庭的環境における代替養護の提供	39		53a	29b·e	
	家族からの子どもの分離における適正手続の確保				29a	
	児童相談所における一時保護の実務慣行の廃止				29c	
	措置の定期的再審査				29d	
	代替的養護の監視およびケアの質(基準の遵守を含む)の確保			53b	29d	
	代替的養護における虐待の防止・対応・被害者保護			53c	29d	
	里親への支援の強化(金銭的援助の提供を含む)			53d	29e	
	里親委託ガイドラインの改正				29f	
	子どもの代替的養護に関する国連指針の考慮			53e		
養子縁組	養子縁組(とくに国際養子縁組)の監視の強化	38	40a	55a	30b	CED(18)44b
	すべての養子縁組に関する司法審査の導入			55a	30a	
	国際養子縁組に関するハーグ条約の批准・実施	38	40b	55b	30c	
不法移送・不返還	関連のハーグ条約の批准・実施		42		31	
	関連諸国との対話・協議の強化				31	
7. 障害、基礎保健および福祉						
障害のある子ども	現行法の実質的実施の確保	41				
	関連の政策の見直し		44a			
	関連の法改正および監視制度の設置			59a		CESCR(01)52
	人権基盤アプローチの採用と包括的インクルージョン政策				32	
	データ収集および効率的な障害診断システム				32a	
	コミュニティを基盤とするサービスの提供			59b		
	障害のある子どもの脱施設化	41				
	差別解消・インクルージョン推進のための意識啓発	41		59c	32f	
	障害のある子どもおよびその親の意見の尊重の促進			59c		
	教育・レクリエーション・文化的活動等へのいっそうの統合		44b			

障害のある子ども	インクルーシブ教育のための条件整備／選択権の保障			59e	32b	
	インクルーシブな学童保育の確保				32c	
	保健ケアへのアクセスの確保				32d	
	人的資源・財源の増加		44c	59d	32e	
	関連の専門職員の研修			59g		
	障害のある子どものためのNGOへの援助			59f		
	障害のある人の機会均等化に関する国際基準規則等の考慮	41	44	59h		
	障害者権利条約とその選択議定書の批准			59i		
健康・保健サービス	低体重出生の防止／母子の栄養状態の向上				33a	
	母乳育児の推進				33b	
	思春期の子どもの健康に関する研究と包括的政策		46a			
	親の同意を得ない医療相談・情報へのアクセス保障		46b			
●精神保健	思春期の子どもの精神障害・情緒障害の予防プログラム		46c			
	子どもの情緒的・心理的ウェルビーイングの問題への対応			61	35d	
	関連の専門家の研修		46c			
	ADHDの診断数の推移の監視／過剰診断・投薬の防止			61	35e	
	（製薬産業から独立した）ADHDに関する調査研究			61	35e	
	子どもの問題行動に関する児童相談所の対応の調査			63		
●リプロダクティブヘルス	HIV／AIDSの感染防止	42		65	35b	
	妊娠しているHIV陽性の女子の治療				35b	
	リプロダクティブ／セクシュアルヘルスに関する研究・政策		46a		35a	
	学校等におけるリプロダクティブヘルス教育／情報提供	42		65	35a・b	
	性感染症予防プログラムへのアクセスの確保			65		
	中絶の非犯罪化および中絶関連サービスへのアクセス保障				35c	
薬物・有害物質濫用	薬物・有害物質濫用の防止	47				
	薬物・有害物質濫用の被害を受けた子どもの回復支援	47				

環境保健	福島原発事故の影響を受けている子ども・家族（避難者を含む）への支援				36	CESCR(13)24 CCPR(14)24
	放射線に関する正確な情報の提供				36f	
気候変動対策	関連の政策等における子どものニーズ・意見の考慮				37a	
	防災教育				37b	
	関連のデータの収集				37c	
	温室ガス放出量の削減等の気候変動緩和措置				37d	
	他国の石炭火力発電所の資金拠出の再検討／持続可能なエネルギーを用いた発電所の推進				37e	
	国際協力				37f	
生活水準	貧困根絶のための資源配分（貧困削減戦略の策定を含む）			67		
	家族生活の保障のために必要な支援の提供・監視			67	38a	
	家族および子どもとの政策協議				38b	
	扶養義務の平等な履行および回復の確保			69a		
	扶養料の回復のための機構の設置			69b		
	親責任に関するハーグ条約の批准			69c		
8．教育、余暇および文化的活動						
教育	教育の競争主義的性質の緩和	43	50a	71	39b	CESCR(01)58
	（過度の）ストレスの防止	43			39b	
	学校忌避・不就学の防止 ※CESCR(13)28／CERD(01)15（10）22	43				※「勧告内容」参照
	学校における暴力（とくにいじめ）への対応	45	50b	71	39a	CEDAW(16)33e
	夜間定時制高校の閉鎖の再検討／代替的教育の拡大		50c			
	マイノリティの子どもの母語・母文化教育の保障 ※CESCR(01)60／CERD(01)16（10）22		50d			※「勧告内容」参照
	外国人学校への補助金の保障・増額					CESCR(01)60 CERD(14)19
	大学入試等における外国人学校出身者への差別の解消	13・35		73	39c	CESCR(01)60 CERD(01)16
	高校授業料無償化制度からの朝鮮学校の除外の解消 ※CESCR(13)27／CERD(10)22（14）19（18）22				39c	※「勧告内容」参照
	ユネスコ・教育差別禁止条約の批准の検討			73		CERD(10)22（14）19

教育	教科書におけるバランスのとれた記述 ※CESCR(01)59／CERD(10)25／ CEDAW(16)29d		50e	75		※「勧告内容」 参照
就学前 ケア・教育	幼稚園・保育所等の無償化の効果的実施				40a	
	保育施設の定員の増加				40b	
	保育の負担可能性・アクセス可能性・最 低基準の確保				40c	
	保育の質の確保・向上				40b・d	
	上記の措置を実施するための十分な予算 配分				40e	
休息・余暇・ 遊び	休息・余暇・遊び等に対する権利を確保 するための措置			76	41	
9．特別な保護措置						
難民・庇護 希望者の子 ども	庇護希望者の子どもの収容防止および適 切なケア等の提供			78a	42c	
	親の収容による家族分離の防止				42b	
	保護者のいない子どもの庇護申請の迅 速・適正な処理			78b		CAT(13)9
	子どもの最善の利益・ノンルフールマン 原則の維持				42a	
	難民保護の分野における国際基準の尊重			78c		
	難民・庇護希望者に対するヘイトスピー チの防止				42d	
人身取引	人身取引対策の効果的監視			80a		CAT(13)21
	加害者の効果的処罰				43a	
	人身取引被害者の保護・回復支援			80b	43b・c	CCPR(14)15
	関連の行動計画の実施に関する情報提供			80c		
	国連組織犯罪防止条約・パレルモ議定書 の批准			80d		
性的搾取 (OPSC議定書 の実施を含む)	男女の平等を確保するための法改正		52a			CEDAW(09) 34・36 CESCR(01)43
	児童ポルノ関連行為の網羅的犯罪化				46a	
	児童買春・性的搾取の促進につながる商 業的活動の犯罪化				46b	
	包括的な行動計画の策定・実施	46				
	犯罪捜査・加害者処罰のための努力の強化				46c	
	被害者の回復援助のためのサービスの強 化		52b	82	46d	CEDAW(09) 40
	関連の専門家の研修		52c			CCPR(08)14
	性的サービスの勧誘・提供を行なう者を 対象とする防止措置		52d			
	インターネット等の新たな技術のリスク に関する啓発				46e	

性的搾取 (OPSC議定書 の実施を含む)	性的同意に関する最低年齢の引上げ		52e	28b		CCPR(08)14・27 CEDAW(09)18
	子どもの売買・性的搾取に関する特別報告者の勧告の実施				46f	
	※別表「子どもの権利条約の選択議定書に関する総括所見(2010年)」も参照					
●少年司法	条約その他の関連国際文書等の全面的実施	48	54a	85	45	
	少年非行・犯罪の防止措置(家族・コミュニティの支援等)			85a	45a	
	スティグマを回避するための措置			85a		
	問題行動・虞犯・触法行為を犯罪として扱うことの廃止		54f	85c	45e(i)	
	裁判員制度の見直し			85c		
	16歳以上の子どもの事件の成人刑事裁判所への移送の廃止		54d	85c	(45d)	
	刑事手続適用年齢(14歳)の再引き上げ			85b	45b	
	少年に対する終身刑(無期刑)・不定期刑の廃止		54b		45e(ii)	CCPR(08)16
	自由の剥奪の抑止および定期的再審査			85f	45e	
	代用監獄の状況の監視	48				
少年司法	苦情申立て制度の確立	48				
	身柄拘束に代わる手段の利用促進	48	54c	85e	45d	CCPR(08)18
	自由剥奪時の成人からの分離／教育へのアクセス確保			85g		
	法的援助の提供		54e	85d	45c	
	リハビリテーション・再統合のためのプログラムの強化		54g			
	少年司法関連の国際基準に関する専門家の研修			85i		
武力紛争	OPAC議定書に関する自衛隊関係者の研修				47	
	※別表「子どもの権利条約の選択議定書に関する総括所見(2010年)」も参照					
10. その他						
選択議定書の批准	OPAC・OPSCに関する選択議定書の批准		56			
	個人通報選択議定書の批准				48	
国際人権文書の批准	その他の国際人権文書の批准				49	
地域機関との協力	ASEANの関連委員会との協力				50	
フォローアップ・普及	勧告の全面的実施の確保			88	51	
	定期報告書・文書回答・総括所見等の普及	49	57	89	51	
	フォローアップのための常設機関の設置				52	

〈参考〉子どもの権利条約の選択議定書に関する第1回総括所見

（2010年）

項目	勧告内容	関連パラグラフ
子どもの売買・児童買春・児童ポルノに関する選択議定書（OPSC）		
データ収集	被害者・加害者対応等に関する細分化されたデータの収集	6
一般的実施措置	立法措置（法改正の継続／子どもの売買の定義の充足）	8・9
	国家的行動計画／調整・評価機関	11・13
	選択議定書の普及・研修	15・17
	資源配分	19
	独立の監視（自治体レベルを含む）	21・23
	市民社会との協力	25
防止	防止のための取り組み（とくに国際協力）の強化	27a
	組織犯罪対策の強化（国連・国際組織犯罪防止条約の批准を含む）	27b・c
	児童ポルノの単純所持の犯罪化	29
禁止	選択議定書上のすべての犯罪の犯罪化および処罰	31
	出会い系サイト規制法の改正	33
	子どもが常に被害者として取り扱われることの確保	35
	関連犯罪に関する公訴時効の廃止または延長	37
被害者の保護	刑事司法手続における被害者保護の強化	39
	被害者の回復・再統合のための支援	41
国際的援助・協力	国際的援助・協力	43
フォローアップ	総括所見（勧告）のフォローアップ・普及	44・45
武力紛争への子どもの関与に関する選択議定書（OPAC）		
一般的実施措置	選択議定書の普及・研修	7
	被害者に関するデータ収集（自衛隊生徒の社会経済的背景を含む）	9
防止	人権教育・平和教育	11
禁止	子どもの徴募／敵対行為における使用の犯罪化・執行	13
	域外裁判権の設定	15
保護・回復・再統合	被害者の早期特定および援助	17a・b
	子どもの帰還に関わる決定における子どもの最善の利益等の考慮	17c
フォローアップ	総括所見（勧告）のフォローアップ・普及	18・19

※　これらの勧告のフォローアップについては第4回総括所見の関連パラグラフ参照。

2 【審議録】国連・子どもの権利委員会

日本の第 4 回・第 5 回
統合定期報告審査
（2019年 1 月 16 日〜17 日）

【注】以下の審議録は、審査の様子を記録したアーカイブ動画をもとに発言を文字起こしし、適宜小見出しおよびパラグラフ番号をつけて整理したものである。委員の発言は英語（フランス語・スペイン語による発言は英語の同時通訳）をもとに翻訳し、日本政府代表団の発言は、英語で行なわれたものは英語をもとに翻訳し、日本語による発言はそのまま文字起こしした。〔 　〕内は編者による補足、〈 　〉は質問・回答間の関係をパラグラフ番号で示したものである（なお、回答なしと記した質問についても、審査後に提出された書面でいちおうの回答がなされている場合がある）。委員名は審査の場で用いられていた発音を踏まえて表記した。アーカイブ動画は以下のURLから視聴できる（音声タブの「Original」は日本語による同時通訳である）。

http://webtv.un.org/meetings-events/human-rights-treaty-bodies/watch/consideration-of-japan-2346th-meeting-80th-session-committee-on-the-rights-of-the-child/5990470092001

http://webtv.un.org/meetings-events/human-rights-treaty-bodies/watch/consideration-of-japan-contd-2347th-meeting-80th-session-committee-on-the-rights-of-the-child/5990588518001

■ 1 日目（1 月 16 日 15 時〜18 時）

議長（レナート・ウィンター委員）

1.　皆さん、ご着席いただけるでしょうか。では扉を閉めてください。開始前にメッセージがあります。これは一般参加者に向けてのメッセージです。一般参加者の皆さんと取材許可を受けたメディアの皆さんに対し、一般参加者が着席しているスペースの撮影は認められていない──繰り返します、認められていない──ことを想起していただくようにお願いします。この敷地内〔会場であるパレ・ウィルソン〕の他のいかなる場所についても同様です。締約国代表団や委員会の委員など、この会合で公的職務を果たしている人々を写真に撮ったり動画で撮影したりすることは可能です。ただし、建設的対話を妨げることのないよう、節度を保っていただくように切にお願いします。この規則が破られた場合、警備員にお願いして、規則違反をした方に退室していただかなくてはなりません。また、ご覧のようにこの部屋は控えめに言っても満室ですので、可能なかぎり静かにしていただくよう要請します。通訳者の仕事は非常に困難なものですので、邪魔が入って発言が聞こえないということになれば通訳の質に影響が出てしまいます。以上が一般参加者の皆さんへのインフォメーションです。

2.　それでは委員会の第2346回会合を開会したいと思います。これは、子どもの権利条約について、締約国である日本の報告書を取り上げるものです。委員会の規則にしたがい、まずは団長閣下に冒頭発言をお願いいたします。その後、タスクフォースの筆頭担当者に委員会としての冒頭発

言をお願いし、続けて第1ラウンドの質問を出していただきます。第1ラウンドの質問が終わった
ら、代表団の皆さんが委員からの質問に対する回答を用意できるよう、短い休憩をとります。その
あと夕方まで〔政府代表団による回答を〕継続し、終了前、最後の30分間に第2ラウンドの質問を
出していただいて、明日に向けて準備していただきます。

　3.　おむねこのような形で進めていきます。合意はできていると思いますので、直ちに団長閣下
に冒頭発言をしていただきます。日本語のチャンネルは7番です。繰り返します、7番です。英語
のチャンネルは2番です。繰り返します、2番です。それでは、どうぞ。

日本政府代表団団長

　4.　ありがとうございます。議長、委員会の委員の皆さま、ご参集の皆様、本日、児童の権利条
約第4回・第5回日本政府報告書の審査に際し、日本政府代表団を代表し、児童の権利の尊重およ
び確保に向け、日々精力的に活動されている貴委員会の活動に心から敬意を表します。

　5.　本日、会場の傍聴席が満席となっていることは恐縮の限りです。これはある意味で光栄なこ
とであり、児童の権利の保護に向けたわが国の政策や取り組みについて多大な関心が寄せられてい
ることの表れであると受けとめております。わが国の強力な代表団は皆さまからの高い注目にお応
えできると、私は断言いたします。わが国の代表団は18名〔28名〕ほどのメンバーで構成されて
おりますが、その人数はもとより、本日出される質問に対しても権威をもってお答えできる人材で
あります。

　6.　【条約採択30年】本年、児童の権利条約は国連総会での採択から30周年を迎えました。ま
た、2019年は、わが国にとっては本条約を批准してから25周年の節目にあたります。このような
非常に重要な節目の年に、貴委員会と建設的な対話の機会を得られたことを光栄に思います。

　7.　世界に目を向けると、紛争地域では、もっとも弱い立場にいる子どもたちが攻撃の対象とさ
れ、残虐な暴力にさらされている状況が続いています。わが国の審査は、やはり条約の加盟国であ
るシリアの審査のすぐ後に行なわれていると承知しております。同審査ではこうした議論も多く繰
り広げられたことでしょう。数百万人の子どもたちが命の危険により出身国や地域からの避難を余
儀なくされており、長引く危機のなかで不安定な未来に直面しています。子どもたちがますます困
難な状況に直面するなか、児童の権利条約の重要性は、採択から30年を経てもなおますます高ま
り続けています。わが国として、世界各地で困難な状況にある子どもたちをいっそう支援していき
たいと考えます。

　8.　【国内の主要課題】国内においては、紛争下の文脈とはやや異なるかもしれませんが、戦後
70数年の歩みの中で日本の人口動態は大きく変化し、子どもに焦点を当てれば、ベビーブームから
少子高齢化の時代に移行してきました。戦後の復興と経済成長のなかでは、教育や母子保健等の基
礎的なニーズが中心でありましたが、現在では、いじめ、虐待、性的搾取、子どもの貧困、国際的
な子の奪取等、取り組むべき課題が多様化・複雑化しています。とくに、わが国が抱える少子高齢
化は、「国難」とも呼ぶべき課題です。これに真正面から立ち向かい、子どもたちをはじめ全ての
世代が安心できる社会制度を確立するため、わが国政府は鋭意取り組んでおります。

　9.　2010年5月の貴委員会による第3回審査から、約9年が経過しました。わが国は、貴委員会
からの勧告を真摯に受けとめ、わが国における児童の権利の保護・促進を着実に進めてまいりまし
た。その一方、先ほど述べたようなさまざまな課題が国内外で顕在化してきたことも事実です。今
日明日の審査において、貴委員会には、わが国の取り組みに対する建設的なご意見・ご助言を期待

しますし、それを大事な参考材料にしていきたいと思っています。

10. 【市民社会との協力】また、先ほども申し上げましたとおり、本日は市民社会からも多くの方々が傍聴されております。わが国政府としては、市民社会によるさまざまな活動の重要性を認識しており、幅広い意見を拝聴し条約の実施促進に反映させることは重要であると考えております。このような観点から、2016年2月に一般市民およびNGOを含むステークホルダーとの意見交換会を開催したほか、各分野においても関係各府省庁と市民社会との意見交換を行なってきました。政府は、今後とも引き続き市民社会との対話と協力を重視していく考えです。〈→パラ39〉

11. また、日本国民は、戦後の苦しい時代に日本の子どもたちを支援したユニセフに特別の思い入れを有しており、政府としても平素から緊密に連携し、世界中の子どもに対する人道・開発支援や子どもの権利の保護に取り組んでいます。また、一般市民からのユニセフへの寄付が世界のなかで長年トップレベルとなっていることは、日本国民による世界中の子どもたちへの強い気持ちを示していると感じております。

12. 議長、委員会の委員の皆さま、ここで、政府報告でも取り上げた、わが国が前回の審査以降9年間に進めた取り組みをいくつかご紹介いたします。特筆すべき進展のあった9つの分野についてご説明いたします。

13. 【子どもへの投資】まず子育ておよび教育について。先に述べた少子高齢化に立ち向かうため、安倍政権は、未来を担う子どもたちや子育て世代に大胆な投資を行なっています。第1に、待機児童問題の解消に向けた取り組みが挙げられます。第2に、2019年10月に、幼児教育の無償化を実現します。そして第3に、2020年4月には、真に必要な子どもたちへの高等教育無償化を実現します。わが国政府はすべての世代に向けた社会保障制度へと、今後3年をかけて改革を進めていく所存です。〈→パラ35〉

14. 【国内行動計画】第2の分野は国内行動計画です。前回勧告を踏まえ、条約の理念にのっとって子ども・若者育成支援施策を推進するための国内行動計画として、2010年7月に「子ども・若者ビジョン」、2016年2月に「子供・若者育成支援推進大綱」を策定しました。今後も、同大綱に基づき、社会生活を円滑に営む上での困難を有する者を含め、すべての子ども・若者が健やかに成長し、自律・活躍できる社会の実現を目指した施策を推進していきます。〈→パラ33〉

15. 【子どもの貧困】3番目の分野は貧困対策です。子どもの貧困対策の総合的推進のため、2013年6月に「子どもの貧困対策の推進に関する法律」が成立し、2014年8月に「子供の貧困対策に関する大綱」も閣議決定されました。これらに基づき、すべての子どもが、家庭の経済事情にかかわらず、それぞれの夢に向かって頑張ることができる社会の実現に向け、児童扶養手当や奨学金の拡充など、多方面にわたって施策を推進してきています。〈→パラ89－91／パラ241〉

16. 【いじめ】第4に、いじめの防止です。いじめの防止、早期発見および対処のための対策を総合的かつ効果的に推進するため、2013年6月にいじめ防止対策推進法が成立し、同年10月には文部科学省（文科省）がいじめ防止基本方針を策定しました。さらに、いじめが背景にある自殺や不登校等事案の調査に関するガイドラインを策定したほか、道徳教育の充実、スクールカウンセラー、スクールソーシャルワーカーの配置拡充等の対策に取り組んでいます。〈→パラ45〉

17. 【児童福祉・児童虐待】5番目の分野は児童福祉です。わが国政府は、2016年6月に児童福祉法および児童虐待防止法等を改正しました。このなかで、すべての児童は、条約の精神にのっとり、適切な養育を受け、健やかな成長・発達や自立等を保障される権利を有する旨を明確にしました〈→パラ55〉。さらに国および地方公共団体は、乳幼児健診等の母子保健施策が児童虐待の発生

防止および早期発見に資することに留意して当該施策を講ずべきことを明記しました。

18. 【児童虐待】6番目の分野は児童虐待です。痛ましい虐待事件が繰り返されないよう、わが国政府は、2018年7月に関係閣僚会議で決定した「児童虐待防止対策の強化に向けた緊急総合対策」の更なる徹底を図り、子どもの命を守る社会づくりを全力で進めております。〈→パラ43〉

19. 【子どもの性的搾取】7番目は性的搾取です。わが国政府は、2017年4月に犯罪対策閣僚会議において策定された「子供の性被害防止プラン」に基づき、子どもの性的搾取の撲滅に向けた国民意識の向上に向けた取り組みを展開し、国際社会との連携の強化や、児童が性的搾取に遭うことなく健やかに成長するための児童および家庭の支援等を推進しています。〈→パラ40〉

20. 【最低婚姻年齢／婚外子差別／子どもに対する性犯罪】8つめの分野は民法と刑法の改正です。わが国の国内法の根本を成す民法と刑法についても、歴史的な改正を行ないました。第1には、従前、女性の婚姻開始年齢は16歳と定められ、18歳とされる男性の婚姻開始年齢と異なっていたところを、2018年6月の民法の改正により、女性の婚姻開始年齢を18歳に引き上げることによって、婚姻開始年齢を男女とも18歳としたことが挙げられます〈→パラ51〉。第2には、2013年12月の民法の改正により、法定相続分を定めた民法の規定のうち、婚外子の相続分を婚内子の相続分の2分の1と定めた部分を削除することによって、婚外子の相続分を婚内子の相続分と同等としたことが挙げられます。もはや2分の1ということはありません〈→パラ53〉。第3には、2017年6月の刑法の改正により、女性および女児を被害者とする性交のみを対象としていた強姦罪の構成要件が見直されたほか、児童を含め、被害者の告訴なく起訴しうることとしたことが挙げられます。〈→パラ173〉

21. 【関連の国際条約】9番目、最後の分野は国際条約です。わが国は、前回審査以降、児童の利益を守るために新たに条約を締結いたしました。2014年にはハーグ条約、国際的な子の奪取の民事上の側面に関する条約を締結しました。また、2017年には、国際的な組織犯罪の防止に関する国際連合条約を補足する人（特に女性および児童）の取引を防止し、抑止しおよび処罰するための議定書を締結しました。〈→パラ148〉

22. 以上ご紹介したわが国の取り組みは、前回の貴委員会からの勧告を踏まえて行なったものであることを申し添えます。

23. 【SDGs】議長、委員会の委員の皆さま。わが国は、誰一人取り残さない社会を目指す持続可能な開発目標（SDGs）の推進を通じて、少子高齢化やグローバル化のなかで実現できる、「豊かで活力ある未来像」を、世界に先駆けて示していきます。そのため、SDGsの担い手として次世代・女性のエンパワーメントを大きな柱のひとつと捉え、次世代によるSDGs推進を後押ししています。安倍晋三総理大臣も、2018年に自ら本部長を務めるSDGs推進本部の会合において、「子や孫の世代に誇れる日本」を作るべく、未来を担う子どもたちや女性に大胆に投資すると述べています。また、教育・保健分野における取り組みとして、国内において、幼児教育から高等教育まであらゆる段階において「質の高い教育」を実施します。本年に日本で開催されるG20やアフリカ開発会議（TICAD）を通じ、わが国の経験を諸外国と共有しつつ、国際教育協力やユニバーサル・ヘルス・カバレッジを推進していきます。

24. SDGsのターゲット16.2実現のために立ち上げられた「子どもに対する暴力撲滅グローバル・パートナーシップ」（GPeVAC）に関し、わが国は、2018年2月、このイニシアチブに基づくパスファインディング国となる意思を明らかにしました。また、わが国政府は、「子どもに対する暴力撲滅基金」に対し、人道分野への初の拠出国として約600万米ドルの拠出を行ないました。こ

の拠出は、ナイジェリアおよびウガンダ等の国々において暴力の脅威に直面する子どもを保護するために活用されています。このほかにも、市民社会からの要請を受け、関連のセミナーを開催し、また、市民社会の代表とこの分野における議論を深めるため、マルチステークホルダーのプラットフォームを立ち上げる準備会合を開催しました。わが国は、世界中のすべての政府に対してこうした取り組みに加わるよう呼びかけます。〈→パラ41〉

25. 議長、委員会の委員の皆さま。最後に、わが国政府は、今後ともすべての子どもが将来への夢と希望を持てるよりよい世界を築くために、児童の権利の尊重および確保に向けた国際社会における議論を推進すべく、たゆまぬ努力を行なっていく所存です。児童の権利の促進に関して、自己満足に陥ってはならないと考えますし、日本としてもけっしてそのつもりはありません。この対話において、わが国政府代表団は、委員の皆さまの関心事項に対し、誠意を持って拝聴し、回答を行なう用意があります。本日から明日にかけて、本日ここにいらっしゃるすべての皆さまと有意義な議論が行なわれることを希望いたします。ありがとうございました。

議長

26. ありがとうございました。間を置かず、タスクフォースの筆頭担当者に発言を認めます。

サンドバーグ委員

27. ありがとうございます。日本からおいでいただいた大勢の代表団の皆さんに温かい歓迎の言葉を申し上げるとともに、子どもの権利の問題について皆さんと建設的かつ双方向的な対話ができることを本当に楽しみにしております。また、第4回・第5回統合定期報告書、私たちの事前質問事項に対する文書回答、そして申し上げるまでもなく、たったいま代表団団長が行なってくださった、豊かな情報を含んだ冒頭発言についても、お礼を申し上げます。

28. 【東日本大震災／福島原発事故】まず最初に言及しておきたいと思うのは、2011年3月11日に発生した、東日本大震災と福島原発事故という悲劇的な出来事です。この出来事は子どもたちの生活に大きな影響を与えましたし、いまでも与えていて、彼らの権利の多くにとって課題であり続けています。今日から明日にかけてのやりとりのなかで、この問題には何度かあらためて触れることになると思います。〈→パラ70・158／パラ180〉

29. 【競争主義的社会】もうひとつ申し上げたい全般的な問題ですが、日本は世界でももっとも強い経済力を有している国のひとつです。そして、おっしゃったように〈←パラ7〉、日本の問題や課題、子どもたちの状況というのは、委員会が審査したばかりの国々の一部とはずいぶん異なっています。それでも、これも団長がおっしゃったことですが、貴国にもいくつかの課題は存在します。日本が経済的競争に依拠しており、いかに本来あるべきほどに子どもにやさしいものとなっていないかについて、憂慮すべき報告をいくつか受け取っています。日本の子どもたちは受容的・応答的な関係を育む十分な機会を与えられておらず、子ども時代を奪われているという発言もあります。この点についてコメントしていただけるのではないかと思いますし、今日はこのことについて議論する必要があると思っています。

30. 【包括的／子どもの権利アプローチ】私自身は、条約の一般的実施措置についての質問を担当しています。締約国報告書、文書回答、それにその他の情報を読むと、条約を実施するための包括的なシステムが整えられていないという印象を受けます。この対話の間にこの点についてさらに議論できることを希望しますし、実際には包括的なシステムが整えられていること、あるいは日本

政府としてシステムを現状よりも――少なくとも現在そう見える状況よりも――包括的なものにしたいと考えていること、そして子ども関連の活動において適切な子どもの権利アプローチをとっていくことを、委員会に納得させていただければと思います。〈→パラ74〉

31. 【留保】次に、一般的実施措置に関するより具体的な質問がいくつかあります。まずは留保について。日本は、「自由を奪われたすべての子どもは……成人から分離される」という37条(c)第2文に留保を付しています。留保の理由は、若者の分類のしかたが異なり、20歳までの者が少年とみなされるからだということです。これは彼らの保護を強化するためであるとおっしゃいますが、18歳・19歳についてはそれが当てはまるかもしれませんけれども、同時に、18歳未満の子どもは年長者といっしょに収容されるということでもあります。これは条約に一致しません。そこで、このようなシステムについて、少なくとも留保について、再検討する可能性はあるでしょうか。〈→パラ76〉

32. 【子どもの権利に関する包括的な法律】法律について、委員会は前回の総括所見で、子どもの権利に関する包括的な法律を要請しました。文書回答では、そのような法律を採択する具体的な計画はないとおっしゃっています。これらの問題については、日本では憲法その他の法令ですでに保障されているとのことです。委員会は、これが満足のいく対応であるとは考えません。ここでいうその他の法令は条約の精神を編入したものではありませんし、子どもの権利を基盤とするものではないからです。この点に関する立場を再検討していただけるでしょうか。〈→パラ75〉

33. 【子どもの権利に関する包括的政策】包括的な政策・戦略については、日本には子どものすべての権利を網羅する包括的政策がありません。あるのは、先ほど言及されたばかりですが、「子供・若者育成支援推進大綱」です〈←パラ14〉。委員会にとっては、同大綱が適切な政策であるのかどうか、はっきりしません。より重要なのは、これは子どもの権利に関するものというよりも子どもの発達上のニーズに関するものだということです。少なくともこれが私たちの受けた印象です。これについて何かコメントはおありでしょうか。〈→パラ81-82〉

34. 【調整機関】条約に基づく活動の調整については、報告書で、内閣府が青少年関連措置に関する包括的調整能力を持った機関であると書かれています。「青少年関連措置」(juvenile measures)というのは、委員会にとっては不明確な用語のように思えます。そして情報によれば、これは18歳よりもはるか上の年齢まで対象としており、場合によっては35歳まで対象になるということです。また、内閣府がどのように調整を行なっているのかも明確ではありません。そこで、条約に基づく子どもの権利についての内閣府の調整活動に関して、もっと具体的に教えていただけるでしょうか。〈→パラ74・81〉

35. 【資源配分】次に資源配分について〈←パラ13〉。報告書では、子どもの発達支援に関連する予算、子ども・若者の発達支援関連の予算は確かに示されています。しかし、予算のなかで子どものための費目(budget line)が切り分けられているかについて教えてほしいと思います。また、予算策定プロセスはどうなのかとも考えています。この点の透明性や、子どもの権利アプローチが存在するのかどうか、支出の監視を可能にする追跡システムがあるのかどうかについて説明していただけるでしょうか。これは、子どもの権利の実施のための措置に資金をつけられるようにするための財源徴収に関する問題でもあります。〈→パラ321〉

36. 【データ収集】データ収集については、日本は確かに子どもについてのデータをたくさん集めています。けれども私の印象では、たとえば子どもの貧困、さまざまな形態の暴力等々をマッピングできるような細分化されたデータを整備する包括的なシステムは存在しないようです。子どもの権利に関連する分野でデータ収集システムを改善するための計画があれば、ご説明をいただける

でしょうか。〈→パラ88−90〉

37. **【独立の監視機関】**次に独立の監視について。文書回答では——この点について質問しましたので——、新たな人権機関を設置するための法案は衆議院の解散のために廃案になったと書かれています。この法案が可決される見通しはいかがでしょうか。それはいつごろになるのでしょうか。また、地方の子どもオンブズパーソンの独立性を高める可能性があるかどうか、そしてそれを広げていって全国を網羅できるようになるかどうかとも考えています。現在、私の理解ではこのような機関が33か所に設置されていますが、これは全国を網羅するものではありません。〈→パラ79〉

38. **【広報・研修】**普及・研修についてですが、私たちとしては、条約に関する一般市民の意識が十分であると納得してはいません。委員会の見解では、子どもの権利を包括的な法律として確立していれば、一般市民の意識を向上させていくうえでも、専門家の研修に関しても、確固たる基盤になるはずです。また、専門家の研修は継続的・定期的活動なのか、それともどちらかといえば1度きりのものなのかどうかとも考えています。もう少し具体的に、専門家は子どもと話をすることについて、つまり実践における子ども参加について、研修を受けているでしょうか。子どもの最善の利益評価について研修を受けているでしょうか。〈→回答なし〉

39. **【市民社会との協力】**市民社会との協力について。報告書でも、冒頭のご発言でも〈←パラ10〉、報告書の作成に市民社会の関与を得たとのお話がありました。それは結構なことで、評価します。しかしそれは、条約の実施のために市民社会組織との継続的協力を確立したことを明らかにするものではありません。今後、そのような協力関係がどのように発展していくかについてご説明いただけますか。〈→パラ83−85〉

40. **【子どもの権利とビジネス／子どもの性的搾取】**子どもの権利とビジネスセクターについて。私たちが理解しているところによれば、日本は現在、ビジネスと人権に関する国別行動計画の策定中です。その計画に子どもの権利をどのように統合しようとしているのかについて知りたいと思います。ビジネスセクターが子どもの権利に与える影響に関する委員会の一般的意見16号をご承知でしょうか。これは、この点について非常に有益になりうると思います。一部の業界、とくに観光業界・芸能業界（entertainment industry）についてはいかがでしょうか。これらの業界を対象として、子どもの権利、またとくに子どもの性的搾取の防止に関する啓発を実施しているのであれば、お聞かせください。この問題については、性的搾取に関する選択議定書についての質問でもあらためて触れるかもしれませんので、性的搾取と意識啓発に関する質問は第2ラウンドまで残しておいていただいても結構です。ただ、ビジネスセクターに関する残りの質問についてはお答えいただきたいと思います。〈→パラ86／パラ119〉

41. **【体罰】**さて、私は暴力に関するクラスタも担当しています。最初の質問は体罰についてです。家庭における体罰について、文書回答では、虐待的な体罰は法律で明示的に禁止されており、また親は監護およびしつけとしての教育に必要な範囲を超えて子どもを懲戒してはならないと書かれています。つまり体罰、あらゆる体罰が——どんなに軽いものであっても——全面的に禁止されているわけではないということです。というのも、許されないのは体罰が虐待的である場合だけで、親には、監護およびしつけとしての教育のために必要なときは身体的手段によって子どもを懲戒する一定の権利があるためです。これは条約に一致していません。UPRでは、日本はあらゆる形態の体罰の禁止に関する勧告を受け入れていますし、先ほどおっしゃったように〈←パラ24〉、日本は「子どもに対する暴力を終わらせるためのグローバル・パートナーシップ」のパスファインディング国でもあります。子どもの養育における暴力を全面的に禁止することなく、このような立場

をどのように擁護するのでしょうか。また、収容施設（custody facilities）や代替的養護の現場でも、ご回答からすると、禁じられているのは虐待のみであってあらゆる形態の体罰ではないように思われます。この点、明確にしていただけるでしょうか。

42. これは法律だけの問題ではなく、態度の問題です。日本社会では体罰が広く受け入れられているように思われます。実際には体罰が全面的に禁じられている学校でさえ、いまなお体罰が用いられています。そこで、親、教員、その他の専門家に対して養育における暴力は受け入れられないことを教え、非暴力的な形態の子育ての活用について訓練するために、どのような措置をとっているのでしょうか。というのも、こういうことの多くは、有形力を用いることができないとなったらどうしたらいいかわからないために起きるのであって、非暴力的な形態の子育てについて教えられる必要があるためです。〈→パラ93−96／パラ102−103〉

43. 【虐待・ネグレクト】家庭における虐待・ネグレクトに関するもうひとつの質問です。日本ではこの現象と闘うためにさまざまな措置がとられています〈←パラ18〉。ただ、ある意味ではこれらの措置は予防的なものというより対処療法的なものであって、事が起きてから対応するものであるように思われます。親を処罰するという形での介入も、例を示すために必要ではあるかもしれませんが、それは問題の解決にはなりません。虐待・ネグレクトが起こらないようにするため、親を対象とするどのような支援措置を用意していますか。親はどのような助言を得ることができるのでしょうか。このようなサービスがもっとうまくいくようにするために、どのような取り組みを行なうおつもりですか。第2ラウンドでも家族についてもっと多くの質問が出されるでしょうから、これについてのお答えはあとからでも結構です。ただ、家庭における虐待・ネグレクトの根本的原因を明らかにするために何らかの研究を実施したかどうかは知りたいと思います。こうしたケースの背景にあるかもしれない社会的・金銭的その他の問題、たとえば非常にストレスに満ちた親の生活などに対処するための措置はとっていますか。〈→パラ97−101〉

44. 【施設内虐待】施設における虐待についての報告もあります。これらの施設で働いている、適切な訓練を受けた専門家の人数は十分でしょうか。子どもが虐待の事案を通報するための、容易にアクセスできる苦情申立て手続は存在しますか。〈→明確な回答なし／ただしパラ99・311参照〉

45. 【いじめ】次に学校でのいじめについて。2013年のいじめ防止対策推進法はあります。これについてもお話がありました〈←パラ16〉。締約国報告書でも、毎年調査と分析をなさっていると書かれています。こうしたサービス……調査ですね、その成果、いじめ防止措置の結果に関する調査と分析の結果について教えていただけるでしょうか。この法律を実施するためにとられた措置は結構なもののように思われますが、より公式な側面に寄っているようです。警察への通報も含まれると思います。私としては、学校環境を向上させて、より開かれた、友好的で寛容なものにするために、また生徒が多様性を受容・評価するようにするために、どのような対応をとっているのだろうかと考えます。また、重要なことですが、いじめに対処するプログラムや措置の策定に、子どもたち自身の関与は得ていますか。さらに、子どもが助けを求められるようにするため、どのような回路が設けられていますか。スクールカウンセラーやスクールソーシャルワーカーを挙げておられますが、その人数は十分でしょうか。さらなる増員のための措置はとっていますか。〈→パラ105−107〉

46. 【性的虐待】性的虐待について。これについてはOPSCとの関連であらためて触れますが、たとえば学校における性的虐待や障害のある子どもの性的虐待についても取り上げるかどうか定かではありませんので、この点について簡単な質問をしておきます。子どもが性的虐待についてより

容易に通報できるようにするために何をしようとしていますか。このようなケースは見過ごされているように思われますし、被害を受けた子どもにスティグマが付与されているからです。このようなことと闘うために、またこうした問題についての意識を高めるために、どのような対応をとっているでしょうか。〈→明確な回答なし〉

47. 【ヘルプライン】ヘルプラインについて簡単な質問があります。189という3桁の番号をお持ちですが、これは24時間・年中無休で運用されているのでしょうか。〈→パラ100−101〉

48. 【子どもと武力紛争】最後に、武力紛争における子どもに関する選択議定書についての質問があります。「安全な学校宣言」というものがありますが、日本政府はまだこの宣言の支持国リストに載っていません。これは、武力紛争に際し、学校や大学を軍事目的による利用から保護するためのこのガイドラインを活用するよう各国に求めるものです。なぜそうなのか、なぜこの宣言をまだ支持していないのかと思うのです。というのも、2015年に安全保障理事会で開催された「子どもと武力紛争」に関するオープン討議では、日本はこのガイドラインを歓迎していたからです。もうひとつの質問ですが、軍隊による学校の利用を抑止するためにどのような具体的措置をとっていますか。日本政府はこの点に関する措置をとっていますか、あるいはとる計画がありますか〈→パラ116−117〉。たくさんの質問をして申しわけありませんが、実のところ、両方のラウンドに関する質問をここで出し尽くしました。ありがとうございました。

議長

49. ありがとうございます。時間を守ってくれてありがとうございました。それではオルガ・カゾーバ委員に発言を認めます。やはり、時間を守っていただくようにお願いします。よろしくお願いします。

カゾーバ委員

50. ありがとうございます、議長、最善を尽くします。まずは日本の代表団の皆さんに、ジュネーブへ、委員会へようこそと申し上げます。議論を楽しみにしております。締約国報告書と、事前質問事項に対する一連のお答えについてもお礼を申し上げます。私たちが設けたクラスタから取り上げるべきいくつかの問題があります。

51. 【最低婚姻年齢】最初の問題は子どもの定義に関わるものです。代表団団長による冒頭のご発言で強調されたように〈←パラ20〉、女子の最低婚姻年齢が引き上げられた──昨年のことですね──のは非常に嬉しく思っております。児童婚がもはや問題とはならないことを希望します。改正民法は2022年に施行されるとのことですが、この点に関して質問があります。この3年の間に法定年齢に満たない婚姻が行なわれないことを確保するため、政府として何らかの措置をとる計画はあるでしょうか。〈→パラ122−126〉

52. 【差別禁止法】次の質問は差別に関するものです。事前質問事項への回答で、具体的な反差別法を採択する計画はないと書いています。平等については憲法、とくに第14条で規定されており、この条項に基づいていかなる差別も禁じられているとのことです。しかし、報告対象期間中にいくつかの法改正が行なわれ、一部の差別的条項が削除されたことを強調したいと思います。〈→パラ120〉

53. 【婚外子差別】とくに、この点についても代表団団長が強調されていましたが〈←パラ20〉、民法の一部改正の結果、非婚の両親のもとに生まれた子どもも相続分、婚内子と同じ相続分を認め

られるようになりました。しかし、まだ改善の余地はあります。最初の質問ですが、戸籍法その他のすべての法律および省令から「嫡出でない子」という概念を完全に撤廃する計画はあるでしょうか。婚外子の相続権に関する法改正にもかかわらず、戸籍制度はいまなお、婚内子と婚外子、非婚の両親のもとに生まれた子どもとの区別に基づいています。戸籍を見れば、ある特定の子どもが婚内子かどうかは容易にわかるようになっています。婚外子に関していまなお存在するスティグマを考えれば、これは多くの点で子どもの権利の深刻な侵害につながります。ですから、すでに相続問題との関連で第一歩を踏み出したことを考えれば、もう一歩、最後の一歩に踏み切ることもできるのではないでしょうか。つまり、子どもの非嫡出性という概念を完全に廃止し、関連するすべての法規定を改正するということです。この点についてのお立場はどのようなものでしょうか。この質問に答えていただければありがたく存じます。私たちは21世紀に生きていること、現在では「非嫡出」などということは他の国々にはほぼ存在しないことを思い出していただければと思います。〈→パラ126－140〉

54.【マイノリティ差別】第2に、民族的マイノリティに属する子ども、とくに部落やアイヌの人々──発音が正しくなかったら申しわけありません──や、コリアンの子どもや移住労働者の子どもといった日本以外の国籍の子ども、LGBTI、障害のある子どもに対する社会的差別がいまなお根強く残っています。これらの問題の一部についてはあとで取り上げられると思いますのでごく簡単にしておきますが、これらの……実際の差別をなくするための、また意識啓発キャンペーンを行なうための最近の活動で特定の成果があがったのであれば、それを挙げていただけるとたいへんありがたく思います。〈→パラ192－197〉

55.【子どもの最善の利益】子どもの最善の利益について。最初に、子どもの最善の利益の概念が児童福祉法および他のいくつかの法律に統合されたことに留意しておきます〈←パラ17〉。しかし、さまざまな状況で子どもの最善の利益をどのように適用すべきかに関するガイドラインが存在するかどうかについては、情報がまったくなく、あるいは十分な情報がありません。専門家は、特定の子どもにとって具体的に何が最善の利益かを評価するために、どのような基準を用いるべきとされているのでしょうか。また、子どもとともに働く専門家を対象として、この概念を適用する方法に関する研修は実施しているでしょうか。この概念を適用するのは、実際、簡単なことではありません。また、この概念が実際にどのように適用されているかについての実例を、少なくともいくつかの実例を示していただけるとありがたく思います。私はとくに、子どもを家族から分離するという決定を公的機関が行なう際に、この概念がどのように適用されているのだろうかと思っています。この問題については対話の後半で詳しく取り上げることになりますが、子どもの分離という文脈で子どもの最善の利益がどのように適用されているか、少なくとも簡単にご説明いただければと思います。〈→回答なし〉

56.【子どもの自殺】私が2番目に行なう一連の質問は生命・生存・発達に対する権利に関するものです。まず、2010年に出された委員会の前回の総括所見〔パラ41・42〕で、委員会は、とくに思春期の子どもの間で自殺率が高いことに懸念を表明しました。締約国報告書では、2007年、つまり前回の対話の前に採択された「自殺総合対策大綱」で、2016年には自殺率を20％以上下げるという目標が設定されたと書かれています。この大綱に基づき、大綱に掲げられた基準にしたがって国および地方の自殺防止計画を策定・評価・運用するものとされています。2012年には新しい大綱が承認されました。質問ですが、これらの措置による現段階での成果はどのようなものでしょうか。また、これらのプログラムは策定され、運用されているのでしょうか。〈→回答なし〉

57. 【新生児死亡率】次に、委員会が入手した情報によれば、生後1か月未満の新生児の死亡率が高くなっています。新生児が出生当日に殺される事件も減少していないということです。この点についての統計と、この現象に関する何かしらの説明はあるでしょうか。根本的原因に関する研究を実施したことはありますか。この問題に対処するための措置はとっていますか、またはその計画はありますか。とくに、特定妊婦という概念があります。産後の子育ての困難のために危険な状況にあることがわかっている妊婦のことです。子どもの遺棄や子どもの殺害を防止するために、このような女性に対して相談や心理的・社会的支援サービスを提供していますか。〈→回答なし〉

58. 【子どもの事故】第3に、子どもの死亡につながる交通事故率や学校・家庭での事故率の高さに対処するためにどのような計画をお持ちですか。子ども施設での事故との関連でも同じ質問をします。これはひょっとしたら、代替的養護のための施設で安全基準が守られておらず、適正な監督も行なわれていないことによるものかもしれません。〈→パラ223－224〉

59. 【子どもの意見の尊重】私の最後の質問は子どもの意見の尊重に関するものです。前回の対話の際、委員会は、子どもの意見に不十分な注意しか向けられていないこと、子どもが意見を表明できる年齢制限が高く設定されていることについて懸念を表明しました。私が理解するかぎり、状況はいまも同じです。事前質問事項に対するお答えには、家庭裁判所は15歳以上の子どもの意見を聴取しなければならないと書かれています。ただし、裁判所は原則として15歳未満の子どもの意見を聴取することもできるとのことです。そこで、これはどのぐらいの頻度で行なわれているのかと考えるのです。つまり、15歳以上であるか15歳未満であるかにかかわらず、子どもの意見聴取はどのぐらいの頻度で行なわれているかということです。子どもの意見の尊重がどのように確保されるかについて、何らかの進展はあったでしょうか。子どもは、その子どもに関係のある問題について自由に意見を表明することができるのでしょうか。子どもの意見は考慮されていますか。私はとくに、施設に措置された子どもが、処罰を受けることなく、どのように苦情申立てを行なえるのかについて関心があります。ありがとうございました。〈→パラ219〉

議長

60. ありがとうございます。ロドリゲス委員の発言を認めます。やはり時間を意識してくださるようお願いします。

ロドリゲス委員

61. 皆さん、こんにちは。日本の代表団の皆さまに温かい歓迎の意を表します。私のほうからは子どもの市民的・政治的権利に関連する質問をいくつかしたいと思います。

62. 【子どもの無国籍】名前と国籍から始めたいと思います。報告書では、無国籍の子どもは日本では大きな問題になっていないと書かれています。けれども、多くの条約機関から出されてきた指摘は、実際のところ、無国籍の子どもに関して問題が確かに存在することを浮き彫りにしています。とくに、人種差別撤廃委員会は、在留資格を持たない無国籍者が存在し、退去強制前の収容の対象とされていることについて懸念を表明しました。そもそもこの問題を検討したことがあるのかどうか、知りたいと思います。また、日本に対しては、無国籍認定手続を設けるべきであるという勧告も行なわれています。この点について何か進展はあったのでしょうか。報告書ではまた、無国籍者を保護するための国際文書を締結する必要性が明らかではないとも書かれています。2017年の時点で、日本の法律には無国籍の定義がまだ存在していなかったとのことですが、いまでも同様

なのか、それとも無国籍の定義が存在するのかについて知りたいと思います。もちろん、私たちはこの問題に関連する国際文書を批准するよう奨励します。このように法律が存在しないことへの対処は行なわれたのでしょうか。〈→パラ229-230〉

63. 【婚外子差別】また、他の委員の発言〈←パラ53〉にもあった、子どもの登録の際の差別の問題を私も取り上げておきたいと思います。つまり、子どもが婚内子か婚外子かによって差別が行なわれている問題です。この点を私も強調し、どのような対応がとられてきたのかを知りたいと思います。〈→パラ126-140〉

64. 【無戸籍児】委員会のもとには、登録されずに出生証明書がない子どもたちがいるとの情報が寄せられています。これにはいくつかの理由があり、とくに「300日問題」がそのひとつだと思いますが、この点について検討されたかどうかを知りたいと思います。〈→パラ232〉

65. 【子どもの無国籍】また、国籍法2条3項の適用範囲を拡大する、つまり両親の国籍を取得できない子どもに対しては国籍を自動的に付与することを検討されているかどうかも知りたいと思います。〈→パラ229-230〉

66. 【強制的改宗】思想・宗教・良心の自由に関しては、2014年、市民的および政治的権利に関する委員会〔自由権規約委員会〕が懸念を表明しました〔パラ21〕。特定の宗教を信仰する人々が家族に監禁され、改宗を強制されることがあるというものです。これは子どもにも起こりうることですが、この問題について検討はなさったでしょうか。このような指摘を考慮し、現状を検証したかどうかということです。〈→パラ217〉

67. 【国旗・国歌問題】また、国歌を歌ったり国旗に向かって敬礼したりしたくない10代もいるという情報も、委員会は受け取っています。こうした行為は非常に象徴的なものであり、国家にとって意味があるものだということは理解しますが、こうした行為を強制することは思想の自由の侵害になりえます。この点についても検討されたかどうか、知りたいと思います。〈→パラ238〉

68. 【結社・集会の自由】結社および平和的集会の自由という点について、日本では、中等教育と高等教育の段階で、学校の中でも外でも政治的活動が制限され、禁止さえされているように思われます。生徒には、学校がどのように運営されているかについて意見を表明する権利がないようです。この問題について検討されたかどうか、知りたいと思います。これで5分20秒です。時間どおりに終えられたと思います。ありがとうございました。〈→パラ221〉

議長

69. ありがとうございます。それでは……もう委員会からは質問がないと思います。まだ少し時間が残っていますが、時間管理がうまくいって嬉しく思います。……作業部会の議長〔タスクフォースの筆頭担当者〕に発言を認めます。

サンドバーグ委員

70. 【福島原発事故】はい、情報に対する子どもの権利について質問があります。子どもたちが、原発事故について――たとえば外出する際の危険について、また原発事故がもたらした他のさまざまな影響について、適切な形で情報が提供されていないという報告がいくつかあるからです。この事故の後、その影響についてどのぐらい開かれた姿勢がとられてきたのかについてうかがいたいと思います。とくに、もちろん子どもに関連して、ということです。ありがとうございました。〈→パラ180-182〉

議長

71. さて、準備しなければならない質問がすでにかなりたくさん出されたと思います。ここで休憩をとり、時間を20分差し上げようと思います。それでよろしいでしょうか。〔政府代表団団長より「最善を尽くします」との回答あり〕はい、それではお答えの準備に20分差し上げます。4時15分、4時15分に戻っていただければと思います。よろしいですか。一般参加者の皆さんに、非常に規律正しく、静かにしていただいたことについてお礼を申し上げます。引き続き、同じようにお願いします。ありがとうございました。15分間休憩します。

【約25分間の休憩】

議長

72. はい、皆さん、ご着席いただくよう、あらためてお願いします。お願いします。ありがとうございます。スムーズな対話ができるようご協力いただいてありがとうございます。これ以上はとくに申し上げず、すぐに代表団団長のご発言を認めます。誰が発言するのかについては団長からご指示があると思いますので、手続上、発言者の名前を常に明示してください。よろしくお願いします。あるいは発言者が自ら名乗るという形でも結構です。これは手続上重要なことですので。

政府代表団団長

73. 議長、ありがとうございます。委員の皆さんにも、日本における進展を真剣にご検討いただき、関連性のある質問を非常にたくさん出していただいて、お礼を申し上げます。限られた時間のなかですべてのご質問に詳しくお答えするのは容易ではありませんが、チームが一丸となって、ただいま出された質問に対し、すべてとはいかないまでもできるだけ多くお答えできるよう努めたいと思います。

74. 【調整機関】最初に、条約の全般的・包括的な実施についてお話しします〈←パラ30・34〉。条約の包括的実施を確保するための機構はあるのかどうか、そのために包括的計画を採択する計画があるかどうかという点です。まず申し上げておきたいのは、条約のすべての規定が実際に実施されているかどうか、どのように実施されているかを確認する立場にあるのは外務省だということです。私たちは条約の規定を1つ1つフォローし、他のいくつかの省庁とも協力しながら、すべての条項をリストアップして、規定の1つ1つが日本で実際に実施されていることを常に確認しています。そうしなければ、そもそも条約締結プロセスを内部的に完了することもできません。ですので、いずれにせよ条約の各条の実施については外務省が責任を負います。そして、他の関連省庁との調整も含め、必要なあらゆる調整措置をとる立場にあるのは内閣府になります。内閣府に対し、これに付け加えて説明をするようお願いします。後からで結構です。

75. 【子どもの権利に関する包括的法律】包括的な計画〔法律〕をとりまとめる計画の有無についても質問がありました〈←パラ32〉。先ほど申し上げたとおり、そうする計画はありません。ただ、私たちの議論を通じて、私たちの報告を通じて、すべての規定が網羅されるようにしていることはおわかりいただけると思います。私が説明した法的側面、後ほど私のチームからも説明がある法的側面ですべてが網羅されていることを保証いたします。外見上は、すべてを網羅する包括的な法律が必要か否かという議論になるかもしれませんが、私の観点からすればこれは外形的な問題で、内容的には、私の観点からすれば、すべてが網羅されていることに疑いはありません。

76.　【留保】37条(c)に対する留保についてのご質問もあったと思います〈←パラ31〉。現在のところ、留保自体を取り下げる、撤回する具体的計画はありませんけれども、将来的に日本に何ができるか、どうするべきかについて若干の検討は行なわれているとだけ申し上げておきたいと思います。ここで詳細をお話しすることはできません。現時点でこれ以上の情報を差し上げることは時期尚早ですが、他のあらゆる問題と同様、日本が本条約に関してさらにどのように前進できるかについては常に検討しております。この問題のいくつかの側面については今後も検討しますし、先ほど申し上げたように、年齢の適用について若干の変更もありました。この変更を本件についても適用できるかどうか検討はしておりますが、まだ結論には至っておりません。ですので、現段階、本日現時点の段階では、留保を撤回する具体的計画はないということです。

77.　以上の点に加え、各省庁、代表団員からもいくつかの質問に対応していただきたいと思います。私が取り上げたばかりの質問についてもです。

外務省

78.　こんにちは。ご質問をありがとうございました。外務省の杉浦正俊と申します。私が代表団員を紹介します。タスクフォースの筆頭担当者であるサンドバーグ委員から、国内人権機関についてのご質問がありました。法務省のほうから、この質問にお答えいただきたいと思います。〔日本語で〕法務省から国内人権機構についてお答えします。

法務省

79.　【独立の監視】法務省の真鍋浩之と申します。委員から国内人権機構についてのご質問をいただきました〈←パラ37〉。新しい国内人権機構の設置につきましては、その権限でありますとか、あるいは人権機構が調査対象とするべき人権侵害の範囲に関して国内にさまざまな意見がございます。したがいまして、そういった議論、さまざまな意見の状況も踏まえて、どのようにすべきか、現在検討しているところでございます。検討に際しましては、国内人権機関の地位に関するパリ原則等に留意しながら引き続き検討をするというところでございます。以上です。

外務省

80.　次に、条約を実施する際の外務省の役割については代表団団長からすでに説明があったところですが、団長からも言われましたように、内閣府からその調整機能に関してご説明いただければと思います。〔日本語で〕内閣府から総合調整についてお答えします。

内閣府

81.　【調整機関／子どもの権利に関する包括的政策】内閣府の北風幸一といいます。内閣府における総合調整についてお答えをさせていただきます〈←パラ33−34〉。わが国における子ども・若者の育成支援の対象のなかには確かに若者も含まれておりますけれども、子ども・若者の重要な一部を構成する18歳以下の子どもの最善の利益についてもしっかりと尊重しながら推進することとしております。そして、この理念は子ども・若者育成推進法におきましても、また同法律に基づいて策定した子供・若者育成支援推進大綱においても、明確に規定しております。この大綱は内閣総理大臣を筆頭にすべての大臣をメンバーとする組織において、全ての大臣の同意の下で策定されるものでございます。したがいまして、この大綱は単なる施策のアウトラインを示すものではなく、

具体的な取り組みの実施を定めた国内行動計画としての性格を持つものでございます。関係各府庁はこの国内行動計画に基づいて関連施策を実施しております。また、同計画に基づく施策の実施状況については、毎年国会に細かく報告し、公表もしているところであります。こうした取り組みのなかで18歳以下の子どもの権利への対応が十分に行なえていないという具体的な実態までは、われわれ内閣府としては承知をしておりません。

82. この大綱に基づく取り組みについては、わが国において本年まもなく有識者による点検評価を実施する予定でございます。この点検評価を行なうなかで、18歳以下の子どもの最善の利益のためにどのような取り組みが求められるのか、いや何が足りないのかといったことについてもご審議をいただきたいと考えますので、いろいろとご示唆をいただければありがたいと思います。以上でございます。

外務省

83. 【市民社会との協力】サンドバーグ委員からは市民社会との協力に関するご質問もありました〈←パラ39〉。外務省の杉浦正俊がこのご質問にお答えします。代表団団長がすでに申し上げたとおり〈←パラ10〉、私たちは国家報告書を起草する前に市民社会との意見交換を行ないました。ただ、やはり団長から申し上げたとおり、市民社会との意見交換はそのときに限られるものではありません。外務省だけではなく、本日出席している省庁──厚生労働省、法務省、文部科学省なども、いずれも市民社会・NGOとの会合を個別に持ちました。これが、今回の審査の過程で私たちが市民社会・NGOとの間で持ったプロセスです。

84. もちろん、私たちは市民社会・NGOからのご協力を高く評価しています。いくつか例をお示しします。先ほど「子どもに対する暴力を終わらせるためのグローバルパートナーシップ」について触れられましたが〈←パラ41〉、日本政府は実のところユニセフおよびNGOと協力をしております。そして、昨年2月にストックホルムで開催されたいわゆる「ソリューション・サミット」にパスファインディング国として出席し、彼らとともにコミットメントを表明しました。そしてマルチステークホルダーのプラットフォームを設け、パスファインディング国としてのコミットメントに基づく計画作りを進めています。また、このいわゆるGPeVACだけではなく、現在、ユニセフおよび日本ユニセフ協会とともに、本条約の30周年記念および日本による批准25周年のイベントを開催することも検討しております。

85. さまざまなセクターで子どもの権利に関連するSGDsについても、SDGs推進のためのラウンドテーブルを設けました。政府だけではなく、NGO、NPO──非営利組織──、有識者、企業などの民間セクター、国際機関等の代表にも参加していただいています。ですので、実のところ私たちはさまざまな方法でこのように市民社会・NGOと協力しているということです。

86. 【子どもの権利とビジネス】サンドバーグ委員からはビジネスセクターとの関係についてもご質問がありました〈←パラ40〉。正しくご指摘いただきましたとおり……〔英語での回答時に日本語通訳が割り込み、一時中断〕ビジネスと人権につきましては、正しくご指摘いただきましたとおり、現在最初の国別行動計画を策定中です。このプロセスで……〔英語の音声が聴こえていないという議長の勘違いにより一時中断〕はい、3度目になりますが、現在ビジネスと人権に関する最初の国別行動計画の策定中です。この過程で、市民社会を含む一般の皆さんからの意見を募集している最中です。実際、市民社会を含むマルチステークホルダーとの会合を10回開催してきました。日本では、市民社会側もすでに、市民の意見、アイデア、勧告をとりまとめるためのプラットフォ

ームを設けています。現在、彼らとともに検討の第2段階に入ろうとしているところです。来月から開始できると思います。この過程で、あるNGOのひとつ、市民社会から、児童労働についての、また子どもの権利についてのインプットもいただきました。現在策定されている法律および政策と実際のニーズとの齟齬に基づいた優先順位の特定ないし決定にはまだ至っておりませんが、表明された意見は適正に考慮します。実のところ、すでに申し上げた一部のステークホルダーよりも幅広い意見を募集している最中です。国別行動計画についての、いわゆるパブリックコメントを募集中ということです。申し上げたとおり、この行動計画はまだ策定されておらず、策定のプロセスにある段階です。ベースラインスタディを行ないまして、それを公表して一般の皆さんからのご意見を募集している最中です。本日も日本の市民社会の代表がたくさんお見えになっていますので、市民社会から貴重なインプットがあることを願っております。

87. それでは、タスクフォースの筆頭担当者から出されたもうひとつの質問に移りたいと思います。データについてのご質問がありましたので〈←パラ36〉、内閣府からこれらの質問にお答えいただきます。〔日本語で〕内閣府からデータ収集について。

内閣府

88. 【データ収集】内閣府の北風幸一でございます。データの整理・公表についてのお答えをいたします。子どもや若者の現状につきましては、現在、人口や健康と安全、教育、労働、非行などの問題行動といった関係データを体系的に整理しているつもりでございます。そして、そのデータにつきましては、子供・若者白書などを通じて毎年公表をして来ております。この整理方法が不十分ではないかというご指摘でございますので、今後どのように整理をしたらわかりやすいのかということにつきまして、委員の皆さまのご意見も踏まえて改善に努めたいと考えております。以上でございます。

内閣府

89. 【子どもの貧困】引き続き、内閣府の魚井宏泰と申します。データの収集についての具体例として、子どもの貧困対策の例をご紹介いたします。子どもの貧困対策の推進にあたりましては、子どもの貧困対策の推進に関する法律および子供の貧困対策に関する大綱に基づきまして、すべての子どもが、家庭の経済状況に関わらず、子ども等に対する教育の支援、生活の支援、就労の支援、経済的支援等、総合的に施策を推進してきております。

90. 同大綱上では、子どもの貧困に関する現状を把握するため、25の指標を定め、これらの指標の改善状況を見つつ、対策を進めております。25の指標のうちのひとつである子どもの貧困率でありますが、2015年に13.9％となりまして、2012年の16.3％と比べ、2.4ポイント低下をしてきております。また、生活保護世帯や児童養護施設の子どもの進学率にも改善が見られてきております。引き続き、指標のモニターをしつつ、改善をさらに広げ、すべての子ども達が夢を持って成長していける社会の実現を目指すとともに、策定から4年以上経過しております大綱の見直しを進めてまいりたいと思っております。

91. この機会にひとつパンフレットをご紹介いたします。私が掲げているこのパンフレットであります。これは、これまでの日本の子どもの貧困の取り組み……とくに日本では公的セクターだけではなくて、民間企業、団体、住民も含め、社会全体で子どもの貧困の取り組みを進めていくことを実施しております。われわれは「子どもの未来応援国民運動」と呼んでおります。このパンフ

レットはミッフィーで有名なオランダの絵本作家、ディック・ブルーナさんの描いた子どもをイメージとして使っております。これを社会全体の啓発ツールとして活用しております。このパンフレットだけではなくて、ポスターですとか、私がいま胸につけておりますバッジも活用しているところであります。日本政府が先頭に立って子どもの貧困対策を進めているということをわかっていただけるかと思います。パンフレットは日本語だけではありますが、明日何部かお持ちしたいと思います。以上です。

外務省

92. 日本語だけではありますが、ご覧いただけたように絵も用いており、子どもにやさしい広報スタイルで意識啓発の取り組みを行なっております。次に、子どもに対する暴力についてのご質問もありました。体罰に関する質問について法務省からお答えいただければと思います。〔日本語で〕法務省からお願いします。

法務省

93. 【体罰】法務省の真鍋浩之と申します。体罰の禁止、とくに親の子どもに対する体罰の禁止についてご質問いただきました〈←パラ41−42〉。まず大前提として、わが国の民法は親権者、もっぱら親かと思いますが、親権者による子どもに対する懲戒権を定めております。ただ、この懲戒権の「懲戒」に体罰が含まれるかどうかということについては、そもそも体罰というのを法律上どのように定義するのかというところが現在明確でないため、この場ではお答えするのが難しいと考えております。ただ、いずれにせよ、懲戒権の行使にあたっては、まずは子どもの利益のために行使されなければならない、子どもの監護や子どもの教育に必要な最小限度で行使されるものというのが法律の解釈になろうかと思います。法務省からは以上になります。〈→パラ110・112〉

外務省

94. 続いて、よろしければ家庭での福祉、この体罰の問題について厚生労働省からお答えいただければと思います。文部科学省からも、学校における体罰を減らし、解消するための取り組みについてご説明いただけるのではないかと思います。ではその順番でお願いします。〔日本語で〕では厚生労働省と文部科学省から順番にお願いします。

厚生労働省

95. 【体罰】厚生労働省、島玲志でございます。サンドバーグ委員から、ご質問のいただきました家庭内での体罰……。〔通訳の状況について確認〕最初から始めます。厚生労働省、島玲志でございます。サンドバーグ委員からご質問いただきました家庭内での体罰〈←パラ41−42〉について、取り組みをご紹介いたします。児童虐待防止法第2条において、児童虐待の定義を明確化し、これを禁じているところでございます。また、同じ法律において、幅広く児童の福祉を害する行為や不作為を禁じているところでございます。また、児童虐待防止法は2016年に改正されました。その改正によって、親権者は児童のしつけに際して監護や教育に必要な範囲を超えて児童を懲戒してはならない旨を明記したところでございます。

96. また、委員ご指摘の、いわゆる、日本では「愛のムチ」と呼んでおりますけれども、子どもを叩いてでもいい方向に育てていくんだという考え方があることも事実でございます。それをな

くしていくための取り組みとしまして、いまお示ししています、子どもを健やかに育むために「愛の鞭ゼロ作戦」というリーフレットを作成しまして、体罰や暴言によるしつけをなくすよう取り組みを進めているところでございます。このリーフレットにおいて、体罰や暴言によって子どもの脳の発達に深刻な影響を及ぼすことを科学的に示した資料を示し、また「体罰は百害あって一利なし」というスローガンのもとに、子どもに望ましい影響をもたらさないことを、家庭に向けて周知を図っているところでございます。〈→パラ110・112〉

97. 【児童虐待・ネグレクト】また、サンドバーグ委員からは予防のための取り組みが十分なされていないのではないかとご指摘をいただきました〈←パラ43〉。わが国においても、こうした予防の取り組みが十分ではないという考えについては十分認識をしているところでございまして、2016年に、児童虐待について発生予防から自立支援まで一連の対策のさらなる強化を図り始めたところでございます。具体的には子育て世代包括支援センターを全国展開してございます。また、子どもたちに対して必要な支援を一体的に担う市区町村子ども家庭総合支援拠点を整備しているところでございます。さらには、児童虐待に対して中心的な役割を担う児童相談所において、体制強化を図るため、弁護士の配置等を示したところでございます。

98. これらの法律等を施行した後の実施状況でございますけれども、たとえば先ほどご紹介した子育て世代包括支援センターにおきますと、2016年4月時点に比べまして……失礼しました、2016年4月時点で720か所だったものが1,106か所と380か所あまり増えているところでございます。また、市区町村子ども家庭総合支援拠点につきましては、2017年度に新たに40か所整備されているところでございます。

99. 続きまして、委員からご質問いただきました、児童相談所等の職員の体制が十分ではないのではないかということについてご説明いたします〈←パラ44〉。まず児童福祉に携わる職員の専門性向上を図るため、各種研修であるとか、会議の場を通じまして、条約の概念を含めて周知を行なっているところでございまして、今後も継続していく考えでおります。また、2016年の児童福祉法改正によりまして、児童相談所の児童福祉士ほかの職員の専門性強化を図る観点から、研修等の受講が義務づけられたところでございます。なお、その研修の到達目標につきましては、条約に関する項目を設定してございます。

100. 最後に、先月、2018年12月でございますけれども、児童相談所の体制強化のプランを立てたところでございます。先ほどご紹介した、児童虐待を中心的に担う児童相談所の職員につきましては、2018年度におきまして3,426人、全国でいたものをさらに増やしまして、2020年度に5,260人とするなど、職員の配置を大幅に増やすプランを進めようとしているところでございます。また、その職員の資質向上にあたるために、児童相談所ですとか市町村の職員の研修支援体制の強化をプランの中に盛りこんでございます。われわれ厚生労働省におきましては、委員からも一部ご紹介ございました「189」という3桁のつながりやすい、国民が覚えやすい番号を用いまして、児童虐待等があった子どもを速やかに児童相談所や市区町村に届け出ることができるよう、周知を図っております。こうした取り組みは毎年11月を虐待防止月間と定めまして取り組みを続けており、今後も進めてまいる考えでおります。説明につきましては以上でございます。失礼しました、この「189」の届け出番号でございますけれども、24時間365日通じるものでございます〈←パラ47〉。説明は以上でございます。

外務省

101.　この番号は24時間／週7日です。非常によく知られておりまして、時には仕事が多くなりすぎるほど電話がかかってくることもあります。24時間／週7日です。次に、先ほど申し上げましたように、文部科学省から学校における虐待……暴力、体罰の問題についてお答えします。

文部科学省

102.　【学校における体罰】文部科学省の山本剛と申します。学校における体罰についてもご質問いただきました。お答えいたします。学校においては、児童生徒の基本的人権に配慮して1人ひとりを大切にした、人間味のある温かい指導が行なわれなければなりません。このため、教職員による体罰、これは絶対にあってはならないものでありまして、学校教育法、日本の法律においても体罰の禁止について明確に規定されているところでございます。このため、教職員の人事権を持っている教育委員会は、服務指導資料の充実でありますとか、教職員に対する研修の充実によりまして体罰の撲滅に取り組んでおりますけれども、万が一学校において体罰があった場合、体罰を行なった教職員に対しては、職務上の規律への違反として懲戒処分が行なわれることになります。さらに刑罰が科される可能性もございます。体罰を含む非違行為が、法律違反行為があった場合には、当該教職員に対する懲戒処分を厳正に行なうこととしておりまして、こうした取り組みにより、学校現場において体罰の撲滅に取り組んでいるところでございます。文部科学省からは以上です。

外務省

103.　【学校における体罰】実は私には子どもが2人おりますけれども、私自身が子どもだったころとはまったく違っていて、学校に通っていて体罰を受けたと子どもから報告されることはまったくありません。それはともかく、いまでは非常に明確に規定されておりまして、体罰が行なわれた場合には対応がとられることになっています。懲戒措置もとられますし、必要な場合……刑法が適用されるようなものであれば、法律でも処罰されます。

104.　さて、いじめについての質問もありました〈←パラ45〉。もちろんこれは課題です。〔日本語で〕いじめについても質問ございましたので……〔英語で〕法務省と文部科学省からこの質問についてお答えします。〔日本語で〕法務省、文部科学省の順でお願いします。

法務省

105.　【いじめ】法務省の福間匠と申します。法務省におけるいじめの対策についてご説明いたします。法務省では「子どもの人権を守ろう」を啓発活動の強調事項として掲げまして、いじめなどをテーマとした講演会を開催したり、啓発冊子を配布するなどの啓発活動を行なっております。啓発冊子といたしましては、たとえばこのような漫画、それからイラストを多く使い子どもに親しみやすいような啓発冊子を作りまして、使用しておるところでございます。そのほか、いじめ等の人権問題について考える機会を作ることによって、子どもが、相手への思いやりの気持ちであるとか、命の大切さを理解してもらうことなどを目的として、主に小学生や、小学生・中学生を対象とした人権教室を実施しているところでございます。さらに、全国の法務局、それから地方法務局に人権相談所を設置しておりまして、そのほか無料の専用相談電話である「子どもの人権110番」や、あるいは料金受取人払いの、封筒と便箋がセットになった「子どもの人権SOSミニレター」……このような、封筒と便箋がセットになった「SOSミニレター」を用いた相談対応も行なってお

ります。そのほかにも、インターネット相談受付システムを設置するなど、子どもに関する人権相談に応じているところです。これらの相談を通じて、いじめなど子どもの人権が侵害されている疑いがある事案に接した場合には、人権侵犯事件として調査を行ない、事案に応じた適切な措置を講じているところでございます。以上でございます。〈→パラ111〉

文部科学省

106. 【いじめ】続きまして、再び文部科学省の山本剛でございます。学校におけるいじめの防止ということでお話しいたします。2013年、いじめ防止対策推進法が施行されています。本法令に基づきまして、文部科学省はいじめの未然防止、早期発見・対応について国としての基本的な方針を示し、各学校における対応方針の策定や組織的な対応などを求めております。委員からもご指摘ありましたけれども、スクールカウンセラー、それからスクールソーシャルワーカーの配置の拡充についても継続的に取り組んでいるところでございます。

107. いじめの防止のためには、まずはいじめの積極的な認知、これが重要になろうかと思います。そのため、毎年度、教育委員会に対して通知を発出するとともに、2016年度より文部科学省の職員を各地の教育委員会に派遣しまして、いじめに関する説明会を実施するなどの取り組みを行なっております。また、委員からは、いじめられている子どもをどうやって助けるのかというようなご指摘もございました。被害を受けている児童生徒から事実関係の聴取、これを丁寧に行ないまして、家庭訪問などにより迅速に保護者に事実関係をお伝えする。それからまた、複数の教職員が協力して被害児童生徒の見守りを行なうなど、被害を受けている児童生徒の安全を確保しております。また、先ほど申し上げたスクールカウンセラーやスクールソーシャルワーカーなどとの外部の専門家の協力も得まして、被害を受けている児童生徒に寄り添いながら支える体制を学校において講じているところでございます。文部科学省からは以上です。〈→パラ109〉

議長

108. 次の論点に移る前に、サンドバーグ委員からフォローアップの質問があります。どうぞ。

サンドバーグ委員

109. 【いじめ】ありがとうございます。いま日本語の通訳になっていますが……英語のチャンネルになっていますか？　大丈夫ですか？　はい。いじめについてのお答え、参考になるお答えをありがとうございました〈←パラ105−107〉。ひとつだけ質問があるのですが、いじめを防止するためのこれらの措置やプログラムの策定に、子どもたち自身が参加しているでしょうか。調査研究では、いじめと闘う方法について子どもたち自身に発言権が認められれば、はるかに効果的になるように思われるからです。これが最初の質問です。〈→パラ315〉

110. 【体罰】もうひとつの質問は親による体罰に関してのものです。うかがっていたところ、いまでも懲戒することはできるけれども、必要な範囲を超えてはならないと繰り返されていました〈←パラ95−96〉。私の理解では、ある種の有形力さえ、必要な限度ではありますが、用いることができるとのことです。思うのですが、親による、子どもに対するいかなる暴力も禁止することは検討できないでしょうか。しつけのために必要だといういかなる言い訳も認めることはできません。平手で軽く叩くことでさえ、禁止されるべきなのです。日本政府としてこれを検討することはできるでしょうか。ありがとうございました。〈→回答なし〉

議長

111. 【いじめ】私からも質問させていただければと思いますが、これとの関連ではまず、たくさんの興味深い資料やパンフレットをお持ちいただきました〈←パラ105〉。それを何人の子どもが活用しているかについての統計はお持ちでしょうか。というのも、日本を訪れた際に家族の方々と話をしたのですが、自分の子どもがいじめられても公的機関には絶対に問題を持ちこませない、そうすればもっといじめられることになるから、と言われたからです。ですので、すでにこのパンフレットを活用した子どもは何人ぐらいいるのでしょうか。この点に関する情報を何かお持ちですか。家庭のなかにためらいがあるようですので。〈→パラ114〉

112. 【体罰】2つめの質問ですが、私も「必要な範囲内で」処罰しなければならないという法律の文言を読みました〈←パラ95-96〉。必要だったかどうかを判断するのは誰なのでしょうか。虐待があった場合、判断をするのは裁判所でしょうか、社会援助機関でしょうか。それとも、必要かどうかを判断するのは親なのでしょうか。そこには利益相反の問題がありますので。ありがとうございます。準備に時間が必要であれば明日お答えください。〈→明確な回答なし〉

外務省

113. 代表団の団員から、お答えする準備ができている質問に対してはお答えいたします。よろしければ、準備をしたうえで明日あらためてお答えすることにしたいと思います。ヘルプラインやミニレターに関する統計について、法務省からお答えいただきます。〔日本語で〕法務省から、使われているかどうかという、数についてお答えします。

法務省

114. 【いじめ】法務省の福間匠でございます。委員から、子どもがどれぐらい相談あるいは啓発の資料を使っているのかというお尋ねがありましたので〈←パラ111〉、お答えさせていただきます。先ほど「子どもの人権SOSミニレター」についてご紹介させていただきましたけれども、2017年度に受領した、受け取りました「子どもの人権SOSミニレター」は1万2,975通でございます。そして、このミニレターがきっかけとなった人権相談の件数は1万6,005件でございます。以上でございます。

外務省

115. 現状を十分に分析できるよう、意識啓発を行なうことで他の種類の報告もより多く寄せられるようにしたいと考えています。次に移ってよろしいでしょうか。

代表団団長

116. 【子どもと武力紛争】はい、それでは「安全な学校宣言」についてお答えします。サンドバーグ委員からのご質問〈←パラ48〉ですが、これは日本でも高い注目を集めている問題です。確かに私どものところにもロビイングがあり、外務省で生徒によるロビイングも受けました。この問題については国会でも取り上げられました。ですので真剣に検討してきております。宣言の目的、すなわち紛争多発地域の生徒の安全と教育を保護するということに関しましては、私どもも基本的にはこの宣言の全般的目的を支持することが可能です。より細かい点を検討しますと、私どもの見解では、関連のガイドラインのなかには現行の国際人道法の域を超えた規定が存在しています。ま

た、日本の安全保障の現状を検討しますと、将来とらなければならないかもしれない防衛措置に影響が生じる可能性もあると考えられます。そこで現時点では、この宣言の基本的目的は支持しますけれども、宣言自体について直接的支持を表明する意図はございません。

外務省

117. 【子どもと武力紛争】実は、NGOの皆さんのご助力も得て、このガイドラインを起草した方と意見交換の機会も持ちました。その方によると、このいわゆるガイドラインを起草したときに念頭に置いていたのは、彼ら自身の国の軍隊が海外で行なう戦闘作戦だったということでした。日本の場合、憲法、平和憲法によって、自衛隊が戦闘作戦のために国外に行くことは認められていません。ですので状況がまったく異なるわけです。自衛隊の場合、この種の事柄に関しては、わが国の国土、そして学校に通っている子どもを含む国民、これを防衛することが主な目的となります。このように、この「安全な学校宣言」に関しては異なる側面があるということです。

118. 次に、サンドバーグ委員からは、性的搾取に関してビジネス関連のご質問もありました〈←パラ40〉。性的搾取の問題について熱心に取り組んでいる警察庁から、この質問に答えていただきます。〔日本語で〕警察庁から、性的搾取とビジネスの関係についてお答えいたします。

警察庁

119. 【子どもの性的搾取】警察庁の高田志保と申します。サンドバーグ委員から子どもの性的搾取とビジネスの関係についてご質問がありましたので、ご説明いたします。児童ポルノや児童買春等の子どもの性被害事案は児童の権利を著しく侵害し、その身心に有害な影響を及ぼす悪質な犯罪であることから、警察では積極的に取り締まりを行なっております。子どもの性被害防止に向けて政府として総力を挙げて取り組むべく、2017年4月、内閣総理大臣を長とし、関係閣僚をメンバーとする犯罪対策閣僚会議において「子どもの性被害防止プラン」を策定し、政府全体で児童ポルノ等の子どもの性被害防止に向けた国民意識の向上、被害児童の保護や支援、取り締まりの強化等の総合的な取り組みを進めているところであります。今後とも、関係機関・団体や民間事業者等々の緊密な連携を図り、子どもの性被害防止に向けた取り組みを推進してまいりたいと考えております。以上です。

外務省

120. 【差別禁止法】サンドバーグ委員からは、資源、福島、性的虐待の通報等々についてのご質問もいただいています。追加のご質問もありました。時間の関係もありますので、よろしければタスクフォースの他のメンバーのご質問に移り、明日あらためてお答えしたいと思います。〔日本語で〕カゾーバ委員からご質問いただいた包括差別法の部分については先ほどお答えしましたので……〔英語で〕カゾーバ委員から包括的な法律についてご質問がありましたが〈←パラ52〉、団長からすでにお答えしたと思いますけれども〈←パラ75〉、もう少し詳しく説明する必要があれば、補足することは可能です。それから憲法14条に関連してのご質問ですが、もちろん、容易にご想像いただけますとおり、憲法の条文は他の法律よりも高い位置づけになっております。したがってすべてを網羅しているのですが、具体的なケースで、詳細に補足する必要性があると判断した分野では、法律を定めています。ですので、日本の実施制度においては、条約のすべての要素は個別の法律、憲法プラス個別の法律で網羅されております。

121. カゾーバ委員からは、婚姻年齢に関わる法改正との関連で、いわゆる移行期間についての
ご質問もいただきました。法務省からお答えいただきたいと思います。〔日本語で〕法務省から、
婚姻年齢の関係をお答えします。

法務省

122. 【最低婚姻年齢】法務省の真鍋浩之でございます。婚姻年齢についてカゾーバ委員からご
質問をいただきました〈←パラ51〉。ご承知の通り、わが国は民法を改正いたしまして、女性の婚
姻年齢を18歳に引き上げたわけであります。この引き上げることを内容とする法律は2022年の4
月1日から施行されます。2022年の4月1日の時点ですでに16歳になっている女性については、
18歳未満であってもまだ結婚できるというようなことになっております。これは、法律の施行とい
うのは施行の日付が明確でなければならないという要請によるものであります。法務省からは以上
です。

外務省

123. 戸籍についての質問もございました。……〔委員に向かって〕どれでしょうか？　ああ、は
い。繰り返しますか？

法務省

124. 【最低婚姻年齢】もう一度繰り返します。女児の、女性の婚姻年齢を18歳に引き上げるこ
とを内容とする民法の改正法は2022年の4月1日から施行されます。2022年の4月1日の時点で
すでに16歳以上になっている女性は、18歳未満であっても結婚をすることができます。

議長

125. つまり、私の理解が正しければ、暫定措置はないということですね？　暫定措置はとって
いないと。ありがとうございました。カゾーバ委員、これについて質問がありますか？

カゾーバ委員

126. 【婚外子差別】ありがとうございます、議長。いえ、ちょっとはっきりさせたいと思った
のですが、もうわかりました。暫定措置はとられないということですね。ただ、差別の禁止につい
て、後ほどお答えいただけるのでしょうか、わかりませんが、非嫡出性、「嫡出でない子」という
概念を法律から取り除くことの展望に関する質問もありましたので。ありがとうございます。

法務省

127. 【婚外子差別】法務省の真鍋浩之ですが、嫡出子と嫡出でない子についてのご質問をいた
だきましたので、ご説明申し上げます。まず、現在の戸籍においては、戸籍の運用のための規則の
一部が2014年に改正されておりまして、嫡出子と嫡出でない子の区別というのは、戸籍上はわか
らないということになっております。具体的には、昔は嫡出子は「長男」あるいは「長女」、「次
男」「次女」と書かれており、嫡出でない子はただ単に「男」「女」というふうに書かれておりまし
たが、そのような区別はなくなり、すべて嫡出子と同様の記載というふうになっております。
128. 次に、カゾーバ委員からは、そもそも嫡出子（legitimate child）、それから非嫡出子、「嫡

出でない子（illegitimate child）」、そういった法律概念自体を廃止すべきではないかというような
ご質問もいただいたところでございます。ただ、委員ご指摘の点については、現状はこれを廃止す
ることは考えておりません。その理由といたしましては、わが国では民法で法律婚主義というのが
とられておることが挙げられます。法律婚、法律上の婚姻というのを尊重する意識というのが国民
の間に幅広く浸透しております。このことは、嫡出子と嫡出でない子の相続分に区別があることを
憲法違反であると判断した最高裁の判決においても、嫡出子と嫡出でない子の存在が法律婚主義に
よるもの、その法律婚主義自体は認めているというところが挙げられます。この区別というのは、
家族制度の根幹に根ざしているものであるというふうにわれわれとしては考えております。以上で
す。

外務省

129. 【婚外子差別】戸籍上、いまは区別はないということですね。そのことははっきりご理解
いただけたでしょうか。現在は戸籍に区別はありません。昔はありましたけれども、変更いたしま
して、いまでは戸籍を見ても違いはないということです。それが第1点です。2点目は、これは子
どもの出生が正当（legitimate）かどうかという問題ではなく、法的に行なわれた婚姻かどうかと
いうことです。これが法務省から申し上げたことです。日本では法的に婚姻を登録する制度を有し
ておりますので、出生ではなく婚姻自体に基づくものだということです。これが、法務省が後半で
説明したことでございます。

議長

130. ロドリゲス委員に発言を認めます。フォローアップの質問ですね。〔他の委員に向かって〕
いまはタスクフォースのメンバー以外には発言を認めていません。後ほど、時間があれば。

ロドリゲス委員

131. 【婚外子差別】お答えをありがとうございます。子どもが登録のために連れてこられて出
生証明書を作成する際、実務上はどのように対応しているのでしょうか。婚内子と婚外子の区別は
行なわれますか。その区別は維持されているのでしょうか、それとも廃止されたのでしょうか。こ
のような趣旨のご説明があったのかどうか知りたいと思います。この点については明確にしておく
必要があるからです。

外務省

132. 【婚外子差別】出生証明書のことについて申し上げたのではありません。日本には戸籍が
ありますが、戸籍にはもう違いがありません。昔はありましたけれども、現在は違いはありません。
公式な記録にはまったく違いがないということです。

議長

133. 明確になりましたか？　まだですか。

カゾーバ委員

134. 【婚外子差別】ありがとうございます。よろしければ、はっきりさせるためにお尋ねした

いと思います。出生証明書の書式を見ているのですが、確かに、いまでは「嫡出でない子」「婚外子」等の概念はないようです。けれども、子どもが婚内子として生まれた場合、たとえば男の子であれば続柄欄には「長男」と書かれるようです。子どもが、男の子が婚外子として生まれた場合、続柄欄の表記は「女」〔発言ママ〕になります。つまり、制度について少し詳しい人にとってはこの男の子が婚外子であることは一目瞭然で、それにともなっていろいろな影響が生じるわけです。

135.　よろしければ、もうひとつはっきりさせておきたいのですが、最高裁判所の判決——あるいは説明なのか何なのか、いずれにせよ決定で、最高裁が子どもには2つの種類があると述べたとのことです。最高裁は具体的にどのような言葉を用いたのでしょうか。「嫡出」「非嫡出」なのか、「婚外」「婚内」なのか、最高裁は具体的にどのように述べたのですか。ありがとうございます。

外務省

136.　**【婚外子差別】**法務省のほうから説明していただけると思いますが、彼が日本語で申し上げたのは、「長男」等の記載は過去のもので、変更したということです。先ほど申し上げたように、日本では出生証明書というものはなく戸籍制度と呼んでいますが、そこには現在では違いはありません。これではっきりしたかと思います。間違っているところがあれば団員に訂正していただければと思います。

137.　また、相続権に関する最高裁判決につきましては、これは権利に関する判決です。先ほど申し上げましたように、正当（legitimate）か正当でない（illegitimate）かということではなく、婚外子かそうでないか、婚内子か婚外子かということです。以上です。私どもは正当（legitimate）かどうかという言葉は用いておりません。間違っていれば法務省のほうからご訂正ください。〔日本語で〕嫡出か嫡出でないかは残ってますけど、legitimateとは言ってないですよね。違法とかそんなことは言ってないですよね。それはないですよね。

法務省

138.　**【婚外子差別】**法務省の真鍋ですが、追加で補足をしたいと……法務省の真鍋ですが、補足をしたいと思います。昔は戸籍上、嫡出子については「長男」とか「長女」、「次男」「次女」と書かれていたのに対しまして、嫡出でない子は「長男」「長女」と書かれず「男」「女」とだけ書かれていたために、それを見ることによって嫡出か嫡出でないかというのがわかってしまったわけです。ただし、戸籍の規則の改正によりまして、現在ではそのような区別というのはなくなっているということであります。ただ、すでに書かれている、すでに、昔生まれた非嫡出子、嫡出でない子については、まだ「男」であるとか「女」であるとか書かれたままになっているものというのも存在します。それについては、それを直してくださいという更正の申し出を行なっていただくことによってそのような記載は直されると、そういうようなことになっております。補足は以上です。

外務省

139.　**【婚外子差別】**つまり、改正以降は、新たに生まれた赤ちゃんについては最初から違いがないのですが、改正前については、もちろんすでに戸籍があるわけです。その場合には、本人の申請に基づいて通常の記載への変更が可能です。つまり、記録はすでにありますので、子ども自身の意思を知りたいわけです。そうすれば現在では変更が可能です。改正後は、もちろん、出生日から何の違いもありません。こういうことです。技術的な問題と、従前の状況にあった子ども自身の意

思が関わってきます。いまでは違いはありません。これが法務省から補足のあった点です。明確になりましたでしょうか。

法務省

140. 【婚外子差別】法務省からもう1点補足ですが、カゾーバ委員から、最高裁においてどのような、最高裁の判決においてどのような言い方がされたかというようなご指摘がございました。最高裁においては、嫡出子あるいは嫡出でない子自体の、そういったコンセプト自体を違憲であるというふうには言っていないということであります。最高裁においては、わが国において法律婚主義、法律上の婚姻というのがとられていること、そのこと自体は了承していると。したがって、法律婚主義、法律婚を正当であるとすることによって、嫡出である子と嫡出でない子というのが論理必然的に生まれてくると、そのこと自体は了承しているということでございます。以上です。〈→パラ272〉

議長

141. ありがとうございます。まさにその点が問題なのですが、明日また取り上げたいと思います。第2ラウンドの質問に移らなければいけませんので、ここでお答えは中断し、カゾーバ委員に発言を認めます。家庭環境等についての質問をしていただきます。

カゾーバ委員

142. 【共同親権／面会交流権】恐縮ですが、家庭環境と代替的養護に関する別の問題をあらためて取り上げなければいけません。残念ながら私は少々難しい立場に置かれています。私は、日本の法律一般で親子関係がどのように規制されているか、とくに特定の子どもの利益が危うくなっているときに代替的制度が全体としてどのように組織されているかについて、委員会の懸念を表明しなければなりません。議論しなければならないことはたくさんありますが、時間の制約がありますので、もっとも重要な質問に限定せざるを得ません。

143. 質問ですが、離婚する親が子どもの共同親権（shared custody）を持つことを認めない規則を改正する計画はあるでしょうか。そして単独親権の場合、非監護親が面会交流権を持てるようにし、また子どもが非監護親または非同居親と意味のある接触を維持できるようにする計画はあるでしょうか。現状では、親が離婚した場合、どちらかの親が子どもとも離縁して、永遠に引き裂かれてしまうように思われます。少なくとも法的観点から見た場合にはそうです。すべてのつながりはなくなってしまい、非同居親の同意なくして子どもを養子にすることも可能になります。〈→パラ228・290〉

144. 【代替的養護】代替的養護について。事前質問事項への文書回答には、2014年〔発言ママ〕に改正された児童福祉法で家庭を基盤とする養育の原則が導入され、また昨年、2017年には「新しい社会的養育ビジョン」が認められたと書かれています。そのビジョンによると、6歳未満の子どもは施設に措置されるべきではないとのことです。これは非常に賞賛に値することです。しかし、やはり事前質問事項への文書回答によれば、専門家委員会が日本政府に提出した提案では、6歳未満の幼児を里親の監護または類似の環境に措置する割合を75％にするという目標を7年以内に達成することが提言されているとのことです。説明していただきたいのですが、これは提案なのでしょうか、それともすでに採択・承認された戦略ないしプログラムなのでしょうか。なぜ75％なの

ですか。私たちは、基本的に幼い子どもはけっして施設に措置されるべきではないことを知っているはずですが。そして、なぜ7年もかけなければならないのでしょうか。なぜこんなに時間がかかるのですか。この点についての計画はどのようなものなのでしょうか。〈→パラ212−213・294〉

145. 【一時保護等による親子分離】私たちは、子どもが家族から分離される件数の多さも非常に懸念しています。日本の親にはどのような問題があるのでしょうか。なぜ子どもたちは分離されているんですか。子どもの分離に関する、明確な基準をともなった明確なガイドラインは設けているのでしょうか。子どもの分離を防止するため、子育てにおいてさまざまな問題に直面している親に社会的・心理的支援を提供していますか。子どもの分離の問題についての決定を児童相談所だけで行なうことが多く、裁判所の関与がないのはなぜですか。裁判所が関与する場合のある事案でも、子どもは裁判所が事件を審理するまで最長2か月も児童相談所に収容されることがあります。この期間は長すぎるのではないでしょうか。子どもが危険にさらされていて直ちに分離しなければならないケースもありうることは理解しますが、そのようなケースでは通常、裁判所による命令が最長でも1日、2日、3日以内に出されなければなりません。いずれにせよ、2か月以内などではなく、十分に迅速である必要があります。この点について何か計画はお持ちですか。子どもが家族から分離されるときに、親の意見は何らかの形で確認されるのでしょうか。こうした問題に関する子どもの意見についてはどうでしょうか。〈→パラ214・293〉

146. 子どもが分離された場合、ほとんど施設あるいは児童相談所の一時的代替的養護のもとに措置されるのはなぜですか。私たちが理解するところでは、これはほとんどの場合一時的措置ではなく永続的措置になっています。なぜ里親家庭に措置されないのでしょうか。入所型の養護施設に措置された子どもが生物学的親と接触できないのはなぜですか。〈→パラ212−213・294〉

147. 【児童相談所の運営予算】最後に、児童相談所にはどのように資金が拠出されているのでしょうか。それが児童相談所の養護下にある子どもの人数に依拠しており、児童相談所がより多くの子どもを養護下に置こうとする、ある種のインセンティブになっているのではないかと懸念しています。金額と子どもの人数とに相関関係があるからです。このシステムがどのように機能しているのか、ご説明いただけるでしょうか。〈→パラ215〉

148. 【子どもの連れ去り】〔子どもの〕連れ去りについてですが、冒頭のご発言にありましたが〈←パラ21〉、日本は連れ去りに関するハーグ条約に加盟しました。これは、国境を越えた……国際結婚が多いこと、親が日本から出たり戻ったりしていること、国境を越えた親同士の紛争が多いことを考慮すれば、非常に賞賛に値します。また、子どもの連れ去りとの関連で仲裁が非常に効果的に機能しており、相互の同意に基づいて決定が行なわれた事案が多数あるというのも結構なことだと思います。しかし、私が理解するかぎりでは、条約の適正な実施を妨げる障壁があります。というのも、連れ去った側の親から子どもを強制的に引き離すことは、国内法で認められていないからです。基本的には、裁判所の返還命令を執行できない状況が多くあります。実際の状況はどうなのか、それを変えるための計画はあるのか、ご説明いただけますか。というのも、私の理解では、ハーグ条約事案で、連れ去った側の親から子どもを引き離すことは子どもの最善の利益にならないとされているからです。しかし問題は、同条約では、そのような対応は連れ去られた子どもの最善の利益にはならないのであり、できるだけ早く子どもを返すことこそが子どもの最善の利益だとされているからです。また、国境を越えた紛争が多数にのぼることにかんがみ、子どもの保護に関する1996年のハーグ条約や扶養料に関する2007年のハーグ条約の〔批准の〕計画はありますか。〈→パラ318〉

149. 【養子縁組】また、養子縁組について簡単な質問があります。私の理解では、すべての養子縁組について裁判所で決定が行なわれるわけではありません。すべての国内養子縁組について裁判所による決定を得る必要はないことになっています。この点について再考する計画はありますか。また、養子縁組に対する親の同意が常に要求されているわけでもありません。

150. 最後の質問です。国際養子縁組の定義に混乱があります。国際養子縁組をどのように定義しているのか、国際養子縁組とは何なのか、明らかにしていただけると嬉しく思います。ありがとうございました。〈→回答なし〉

議長

151. ありがとうございます。直ちにロドリゲス委員に発言を認めます。そのあとスケルトン委員の発言も予定されていますので、よろしくお願いします。

ロドリゲス委員

152. 【障害のある子ども】ありがとうございます。簡潔になるよう努めます。障害のある子どもについていくつか質問したいと思います。報告書で、教育に関する法律が改正されたと書かれています。提供していただいた情報によると、「特別教育」は「障害のある子どものための教育」に転換されたとのことです。この政策は実際のところ私たちが言うインクルーシブ教育から大きくかけ離れているように思えます。そこで、インクルーシブ教育を促進するために、この政策を実施できるように財源や人的資源を提供する必要性を考慮したうえでどのような措置をとっているのか、お尋ねしたいと思います。また、障害のある子どもに関するデータはどのように集積しているのでしょうか。このことは、政策を策定し、適切なプログラムを作成するうえで本当に欠かせないことです。障害のある子どもが保健ケアにアクセスできるようにするために、どのような措置をとってきましたか。障害のある子どもとともに働く専門家が適切な訓練を受けるようにするために何をされてきましたか。とくに、障害のある子どもへの差別や偏見と闘うために、公務員や一般市民の意識啓発のためにどのような措置をとってこられたでしょうか。また、次のような情報も受け取っておりますので、お考えを聞きたいと思います。メンタルヘルスセンターが障害のある子どもに対応しており、通学の援助も行なっているとうかがいました。このような状況についてどのような対応をとってきましたか。〈→パラ201〉

153. 【低体重出生】保健ケアとの関連ではどのような措置をとってこられたでしょうか。日本は低体重出生率がかなり高い国だと理解しています。正確な数字は把握していませんが、状況分析のために、またこの傾向を逆転させて高い低体重出生率を低下させるためにどのような措置をとってこられたのか、知りたいと思います。〈→パラ235〉

154. 【母乳育児／HIVの母子感染】また、母乳育児についてのデータがありません。乳児の母乳育児に関するデータ収集システムはあるのだろうかと考えています。ILOの母性保護条約についても……母乳〔代替品〕に関する国際規則を編入する意図はおありでしょうか。引き続き母乳育児に関してですが、日本の保健ケア施設の割合は……実は、ユニセフの言う「赤ちゃんにやさしい」施設は3%だけだとうかがっています。この数字を向上させるためにどのような措置をとっているのか、知りたいと思います。また、HIVの母子感染を予防するためにどのような措置をとっているでしょうか。〈→パラ236〉

155. 【思春期の子どもの健康】若者の健康、ティーンエイジャーの健康に移りますが、HIV蔓

延率の増加や、学校におけるセクシュアル／リプロダクティブヘルスについての意識に関連して若干の懸念があります。もちろん日本では中絶は非合法ですし、ティーンエイジャーによる麻薬の所持も増加しています。これらのさまざまな問題に対処するためにどのような措置を検討されているでしょうか。〈→回答なし〉

156. 【ADHD／精神保健】精神保健に関しては、カゾーバ委員がすでに自殺について触れましたが〈←パラ56〉、私も同委員の質問をあらためて尋ねたいと思います。同委員はさらにいじめについても言及されました。さらに、注意欠陥〔・多動〕性障害に対応するために何をしようとされているでしょうか。このような状態に対する治療を提供するためにどのような考えを持っておられますか。〈→パラ202・204〉

157. 保健ケア政策を立案する際、精神保健との関連で特別なニーズが生じている人々のためのさまざまな戦略を考慮に入れていますか。また、こうした問題に苦しんでいるティーンエイジャーのためにどのような政策が存在しますか〈→パラ317〉。どのような基準が……この点についてもう一度おうかがいします。若干の情報は受け取っていますが、もっと知りたいと思うのです。子どもを精神保健ケア施設に措置する際の基準はどのようなものでしょうか。私たちが受け取った情報によれば、家庭内で虐待されたことを理由にこのような施設に監禁される子どももいるとのことです。〈→パラ326（再質問）〉

158. 【福島原発事故】さて、そろそろまとめます。ごく簡潔にお尋ねします。福島での災害についてですが、これは分野横断的な問題です。この災害後に被害を受けてきた子どもたちを援助するために、どのような措置をとってこられたか知りたいと思います。健康に対する権利についての特別報告者が2012年に行なった発言について、もう少し詳しくご説明いただけるでしょうか。特別報告者によれば、甲状腺ガンにかかった子ども、災害の結果として精神的症状に苦しむ子どもが多数存在するとのことです。8分が過ぎましたので、まとめる前にもう1点だけ指摘しておきたいと思います。被災地の一部について居住禁止を解除されたようですが、子どももその影響を受ける可能性があります。このような子どもたちをケアするためにどのような対応がとられてきたのか、知りたいと思います。〈→パラ180−190〉

159. 【子どもの性的搾取】また多くの調整機構を創設してきたとのことですが……これはOPSCに関する質問ですが、子どもの性的搾取と闘うための多くのセンターを設置し、また行動計画も策定したとのことです。この点については報告書でも強調されていますが、この点についてどのような進展があったのか、もう少し知りたいと思います。ありがとうございました。〈→パラ209−210〉

議長

160. ありがとうございました。では、アン・スケルトン委員に、教育と特別な保護に関して発言を認めます。発言時間が10分しかありませんので、もし終わらなかった場合、明日質問のための時間を追加でさしあげることもできます。

スケルトン委員

161. 【待機児童問題】わかりました。最善を尽くします。まず、こんなに遅くなってしまいましたが、代表団の皆さんにご挨拶させてください。また、乳幼児期の教育に対する政府のコミットメントは賞賛に値するということも申し上げます。事前質問事項に対する文書回答で、2018年までに受入れ可能人数を新たに53万5,000人増やすと書かれていますが、これは達成したのでしょ

か、それともこの数値目標に関する達成期限を先送りしたのでしょうか。〈→パラ234〉

162. 【競争主義的教育】また、政府は報告書のなかで、教育問題について、「委員会が、高度に競争的な教育環境が中退や自殺につながっているとして締約国を非難するのであれば、客観的な根拠を持っていなければならない」と書かれています。そこで、質問のしかたを変えさせていただきます。政府自身はどのような研究をなさってきたのでしょうか。貴国の教育システムや教育に対するアプローチが、成績のよくない子どもに対してさえも、何の悪影響も与えていないと完全に満足なさっていますか。〈→パラ226〉

163. 【余暇に対する権利】もうひとつの問題は余暇の時間です。前回も委員会からこの点について質問されていました。構造化された余暇時間を増やすべきであると委員会が勧告して以降、何らかの変化があったかについて教えていただけますか。〈→回答なし〉

164. 【朝鮮学校の高校無償化除外】2013年、社会権規約委員会は日本に対し、朝鮮学校に通っている子どもたちにも高校授業料無償化制度を適用することによって、教育における差別に対応するよう求めました。同委員会の勧告に対応するために何らかの措置はとられたでしょうか。〈→パラ199〉

165. 【保護者のいない移住者の子ども】移民問題に移りますが、2013年には拷問禁止委員会から、保護者のいない子どもが、しばしば過密状態であり、通訳者を雇うための資源も欠いている児童相談所に収容されている問題に対応するよう求められています。2013年以降、これらの問題にいずれかに対応することはできたのでしょうか。〈→パラ216〉

166. 【虞犯少年への対応】少年司法の運営に移ります。刑法上の罪を犯すおそれのある子どもについて取り上げている少年法第3条について懸念があります。この集団に属する子どもについて私たちが憂慮するのは、私たちの理解では、たとえ特定の犯罪で有罪の判決を受けていなくても、これらの子どもが家庭裁判所裁判官によって収容をともなわない処分を言い渡され、あるいは少年院に送致されることさえあるからです。実際にそうであるのかどうか、確認していただけるでしょうか。委員会が懸念するのは、これが許容できない自由の剥奪に該当する可能性もあるためです。家庭裁判所はどのような手続をとるのでしょうか。子どもがこのカテゴリー、私が言及している第3条のカテゴリーに該当する場合、少年院にはどのぐらいの期間で収容されうるのでしょうか。〈→パラ206〉

167. 【子どもの法的代理】子どもの法的代理について、報告書では、身体的拘束下にある子どもの法的代理について述べておられます。これは自由の剥奪ということでしょうか。また、法的代理が義務づけられる犯罪種別、法的代理が常に求められる犯罪種別の問題もあるようです。これはつまり、少年裁判所に出廷するすべての少年に法的代理人がつくわけではないということですね。また、代理人がついている場合、〔捜査機関による〕尋問の場にも立ち会うのでしょうか。というのも、罪を犯した子どもの自白にかなりの程度依拠しているようですので、この段階で代理人がつくことは非常に重要だからです。〈→回答なし〉

168. 【刑事手続適用年齢】もちろんこれは日本が前回の報告書を提出する前のことでしたが、刑事責任年齢〔刑事手続適用年齢〕が従来の16歳から14歳に引き下げられました。これは14歳・15歳による犯罪を懸念してのことだったということです。これはほぼ20年前のことになりますが、子どもの犯罪の傾向について何らかの統計は収集してきたでしょうか。というのは、全世界でこれは減少傾向にあるからです。そうであれば、刑事能力年齢〔刑事手続適用年齢〕を元の年齢に引き上げることは考えられないのでしょうか。〈→パラ207〉

169. 【死刑・無期刑】日本では、少年司法を適用する年齢の上限を20歳というあまり例のない年齢に定めています。これは賞賛されるべきことです。というのも、思春期の脳は発達の過程にあり、そのプロセスは10代の間続くという、発達心理学や脳科学によって提示されている新たな理解に合致しているからです。けれども、死刑に関しては制度が18歳で停止されることに気づきました。なぜなのでしょうか。実際、18歳・19歳の子ども……失礼、若者が死刑を言い渡される例も近年いくつかあったときいています。これは少年司法に対する貴国の全般的アプローチに矛盾するとはお考えにならないでしょうか。

170. 終身刑の問題について、報告書によれば、最低刑が10年という場合もあるということですが、他の資料や別添文書では、最低でも7年服役しなければ釈放の可能性は生じないとも書かれています。この乖離についてご説明いただけますか。〈→パラ208〉

171. 【少年院の運営】少年院について。2015年にこの点に関する新しい法律を成立させたと承知しています。別添文書で同法の概要を示してくださってありがとうございます。新法について2つの質問があります。少年鑑別所と少年院にはどのような違いがあるのでしょうか。それぞれの施設に、子どもは最大どのぐらいの期間、収容されうるのでしょうか。2つめとして、子どもは親との面会を月に2回許可されるようになっており、月に1回だけだったかつての状況から改善されたとのことです。けれども面会回数の決定は依然として施設長が行なうことになっており、子どもの行動とも関連づけられる可能性もいまなお存在します。家族との接触の原則は行動や管理体制と関連づけられるべきではありません。この点についての政策をご説明ください。〈→回答なし〉

172. 【無期刑】無期刑が実際にどのように運用されているのかについても、もっと説明していただけるでしょうか。これが何を意味するのか、あまり明確ではありません。これも収容中の子どもの行動によって左右されるのでしょうか。〈→パラ208〉

173. 【子どもに対する性犯罪】最後に……議長、あと2分残っていると思いますが、最後のカテゴリーである性犯罪に移りたいと思います。強姦のジェンダー中立的な定義に関する刑法改正について、日本に祝福の意を表します。また、代表団団長がおっしゃったように〈←パラ20〉、事件を裁判所で扱えるようにするために子どもが告訴しなくてもよくなった点についても同様です。私たちが知りたいのは、性犯罪についての時効はどうなっているのかということです。これは日本が前回ここに来られたときに委員会が尋ねた質問です。通常の時効を過ぎても、告訴や民事訴訟の提起を行なうことができるのでしょうか。法律のこの部分について改正することを検討されましたか、あるいは今後検討されますか。〈→回答なし〉

174. 【青少年による性犯罪】最後に、性犯罪を行なった青少年が行動パターンを変えることができるようにするための、何らかの特別プログラムは設けられているでしょうか。以上が私の質問です、議長。〈→回答なし〉

議長

175. どうもありがとうございました。あらためて、委員会からは非常に具体的な質問が出されましたので、明日、非常に具体的なお答えがいただけることを希望します。皮肉で申し上げるのではないのですが、快適な夜をお過ごしいただければと思います。もちろん、たくさんの準備作業をなさらなければならないのは承知していますが、それでも、少なくとも部分的には楽しい夜をお過ごしください。ありがとうございました。明日を楽しみにしております。〔通訳者に向かって〕ありがとうございました、時間どおりに終わりました。これで閉会します。

【2日目】（1月17日10時〜13時）
議長

176. おはようございます。皆さんに着席していただくようお願いし、ドアを閉めていただけるでしょうか。ジェームズ、ドアを閉めて……ありがとうございます、ジェームズ。よろしいですか。あらためて、傍聴者の皆さんには昨日と同じように規律を保っていただくようお願いします。昨日は非常にうまくいきました。ありがとうございます。今日も同様であることを望みましょう。よろしくお願いします。それでは、時間も限られていますし、できるかぎり多くの情報をいただきたいので、直ちに団長閣下に発言を認めます。よろしくお願いします。

代表団団長

177. ありがとうございます、議長。委員の皆さんと傍聴席にいらっしゃる皆さんに対し、朝のご挨拶を申し上げます。今日は、私たちの多くは少々眠気を覚えています。徹夜をしたメンバーもいます。私がスタッフの人権を侵害していないことを希望します。

議長

178. （笑）でも私たちにも人権はないんですよ。私たちはこの状況が1か月続くのですから。

代表団団長

179. なるほど。それでは……ご発言をありがとうございます。スタッフも、働かなくてはいけないと納得してくれたことでしょう。いずれにせよ、最初のセッションでお答えしなければならない質問が少なくとも50はありますので、すぐにお答えを開始したいと思います。

180. **【福島原発事故】**まず、サンドバーグ委員やロドリゲス委員をはじめとする数名の委員の方々から福島に関する質問をいただいていますので〈←パラ28・70・158〉、最初にそれを取り上げたいと思います。基本的には3つの質問に分けることができるかと思います。2011年以降の状況は一般的に言ってどのようになっているか。これが最初の質問です。私から最初に申し上げておきたいことは、原発事故の発生後、政府として、子どもを含む住民の皆さんに対し、放射線モニタリング情報の開示等の措置を通じて、放射線に関する情報を適切な方法で継続的に提供してきたということです。このような情報はウェブサイトでも提供しています。何よりも、学校でも教育活動を実施しています。この点については文科省から詳しく申し上げます。〔日本語で〕文科省さん、お願いします。

文部科学省

181. **【福島原発事故】**文部科学省の山本と申します。それでは、学校における取り組みにつきましてご説明させていただきます。文部科学省では、福島第一原発事故以降、子どもたちの安全・安心を確保するため、通知あるいは事務連絡を発出しまして、学校における対応方針を示してまいりました。具体的には、事故後の状況に合わせて、累次にわたって当面の対応方針について示しまして、2011年の8月には福島県内の学校の校舎・校庭の線量低減において、学校において児童生徒が受ける線量について原則年間1ミリシーベルト以下とするとともに、校庭等の空間線量率については、これを達成するため毎時1マイクロシーベルト未満を目安とすること、局所的に線量の高い場所の把握と除染を進めるなど、示しております。事故を受けて放射線への関心が高いなか、文

部科学省では、2011年10月以降、児童生徒が放射線に関する科学的な知識を身につけ、理解を深めることができるよう、放射線副読本というものを作成いたしまして、全国の学校に配布しているところであります。また、教職員を対象とした放射線教育に関する研修、それから児童生徒を対象とした放射線に関する出前の授業を実施しているところでございます。学校教育の関係は以上です。

代表団団長

182. 【福島原発事故】何よりも、先ほども申し上げましたとおりウェブサイトを設けておりますが、放射線に関するこのウェブサイトは更新されております。モニタリングが適正に実施されるようにするため、政府は放射線についての総合モニタリング計画を2011年8月2日に発出しました。そして、その計画に基づき、関連省庁・地方公共団体および企業も適切な放射線モニタリングを実施してきております。それらは……多くの情報は公表されていますし、原子力規制委員会が運営するウェブサイトで放射線モニタリング情報を収集し、他の組織のウェブサイトへのリンク情報も提供していることも申し上げておきたいと思います。

183. 避難指示地域の解除がどのように行なわれてきたかについてのご質問もいくつかあったかと思います。私が申し上げたいのは、避難指示の解除を検討するにあたり、政府は住民説明会を繰り返し開催して地元住民への説明を行なってきましたし、被曝線量に関するデータや情報を提供してきたということです。たとえば、避難指示の解除を検討するにあたり、たとえば楢葉町ではそのような会合を20回、南相馬市では15回開催して、観測値に基づく空間線量や年間あたりの個人被曝線量に関するデータを紹介しました。

184. 次に、子どもの健康被害の可能性に関するもうひとつのご質問にも触れておきたいと思います。この点についてはまず、日本政府は福島を含む諸地域の復興と再活性化に全面的に取り組んできたことを申し上げておきたいと思います。日本政府は、帰還および被災地域の再建を希望する子どもや女性を援助する立場にあります。この点については環境省が取り組みを行なっております。たとえば、福島県民の中期的・長期的健康管理を確保するため、日本政府は福島県民健康管理基金に補助金を出しています。これは2011年に福島県が設置した基金で、福島県はこの基金を活用しながら福島県民健康調査事業を実施しています。具体的には、これらの調査事業には、福島県民全員、全県民の外部被曝線量を把握するための、行動調査に基づく基礎調査も含まれます。甲状腺検査に関するご質問もいくつかあったと思います。原発事故の時点でおおむね18歳以下であった子どもは全員……実際には38万人ほどの人々が受診資格を有しています。その他の方法による健康検査も受けることになっており、これらの人々の健康被害への対応が進められているところです。事故当時、避難対象地域に住んでいた住民の心の健康度や生活習慣に関する調査も行なわれております。この点について、以上申し上げたことに付け加えることがあれば厚生労働省にお願いしたいと思います。〔日本語で〕厚労省、お願いします。

厚生労働省

185. 【福島原発事故】厚生労働省の小川リョウと申します。私から、児童の、避難している児童への支援についてご説明いたします。被災した子どもへの支援として、子どもを持つ家庭等への訪問による心身の健康に関する相談や支援、仮設住宅に住む子どもが安心して過ごすことができる居場所作り、そして遊具の設置や子どもの心と体のケアなどにかかる事業を実施しております。以上です。

文部科学省

186.　【福島原発事故】続いて文部科学省からも学校教育について追加でご説明させていただきます。文部科学省の山本です。被災した子どもたちの心のケア、これが重要であります。その支援に当たるために、スクールカウンセラー、それからスクールソーシャルワーカーを被災地の学校に配置するための支援を、これを行なっているところでございます。これによってきめ細かな心のケアに努めているところであります。文科省からは以上です。

代表団団長

187.　【福島原発事故】先ほど申し上げた甲状腺検査についてさらに詳しくご説明したいと思います。先ほど申し上げたように、およそ38万人の……〔通訳の混乱により一時中断〕繰り返します。先ほど申し上げたように、およそ38万人に甲状腺検査の受診資格があります。この検査そのものについてもう少し詳しくご説明したいと思いますが、第1次検査として、原発事故時におおむね18歳以下であった福島県民全員を対象として超音波検査が実施されます。その検査の結果に応じ、さらに検査の必要がある人々を対象として第2次検査が行なわれます。これらの患者を援助するためのサポートチームが福島医科大学に設置されており、不安を和らげるために、また心の健康度を向上させるために、面接やオンラインで相談を行なっています。

188.　地震に関してもうひとつご質問があったと思います。まだ帰還できていない子どもをどのように援助しているかという点に関するものです。この点については、政府としていわゆる意見交換会、ある種のネットワーク会合を開催するとともに、全国に散らばっている避難者の皆さん向けに広報活動を行なっていることを申し上げておきたいと思います。これはコミュニティを維持すること、主な目的はコミュニティを維持することで、さらにまだ避難を継続せざるを得ない方々を援助するためのものです。これにはもちろん子どもも含まれます。さらに、交流施設を設けたり、ライフラインを維持するためのバスを運営したり、仮設住宅における保護のための緊急警報システムを設置したりするための地域コミュニティによる取り組みも、政府として支援しています。それに加えて、支援措置には公営住宅の建設も含まれており、避難指示の解除後も継続されております。

189.　福島と東日本大震災に関する質問についてまとめますと、日本政府は福島の復興と再活性化に対する責任を果たす決意を持っておりますし、今後も持ち続けるということです。女性と子どもを含め、帰還して住居を再建したいと考える方々も可能なかぎり支援していきます〈→パラ240〉。法務省からもこの点に関する立場をご説明いただきたいと思います。

法務省

190.　【福島原発事故】法務省の福間でございます。法務省から福島の、被災地の子どもに関する取り組みについて説明させていただきます。東日本大震災に起因する人権問題といたしましては、避難生活の長期化にともなうトラブルや、被災地からの避難者に対するいじめなどが見られるところでございます。法務省では強調事項として「東日本大震災に起因する偏見や差別をなくそう」を掲げまして、啓発活動を行なっております。また、仮設住宅などの訪問による人権相談を実施しておりまして、相談を通じて人権侵害の疑いのある事案を認知した場合には調査を行ない、事案に応じた措置を講じているところでございます。以上です。

外務省

191. 外務省人権課長の杉浦正俊でございます。カゾーバ委員やスケルトン委員から、マイノリティに対する差別があるのではないかということについて一連の質問をいただいております〈←パラ54・164〉。法務省の代表から、差別に関するこれらの質問についてお答えいただきたいと思います。〔日本語で〕法務省から、マイノリティ──朝鮮半島出身者、同和の方々、LGBTI等、昨日質問をされたことについてお答えします。

法務省

192. 【部落差別】法務省の福間でございます。差別の解消に向けた取り組みについて説明させていただきます。まず同和地区の子どもに対する差別についてでございます。法務省では従来から部落差別の解消に向けた取り組みを行なってまいりました。部落差別の問題につきましては、2016年に部落差別の解消の推進に関する法律が施行されております。この法律は、部落差別のない社会を実現するため、基本理念を定め、相談体制の充実や教育および啓発などについて定めるものでございます。法務省は、この法律の趣旨を踏まえまして啓発活動を実施するほか、この法律の周知、相談体制の充実を図っているところでございます。

193. 【在日コリアンへの差別・ヘイトスピーチ】次に在日韓国・朝鮮人の子どもへの差別について、差別に関する取り組みについて説明させていただきます。在日韓国・朝鮮人の子どもに対する差別の例としては、差別的な発言や差別的な落書き、あるいはインターネット上における差別的な言動などが見られるところでございます。このような事例について、法務省は強調事項として「外国人の人権を尊重しよう」ということを掲げまして、啓発活動を行なっているほか、人権相談や人権侵犯事件の調査・救済活動を行なっているところでございます。また、ヘイトスピーチにつきましては、2016年の6月にいわゆるヘイトスピーチ解消法が施行されております。この法律は本邦外出身者に対する不当な差別的言動は許されないということを宣言するとともに、その解消に向けた取り組みについて基本理念を定めるものでございます。法務省は、ヘイトスピーチが許されないという啓発活動を積極的に行なうとともに、外国語による人権相談体制の整備を図っているところでございます。

194. 【セクシュアルマイノリティ差別】続きまして、性同一性障害など性的少数者の子どもに関する取り組みについて、説明させていただきます。性的少数者の子どもに対する差別の解消に向けまして、法務省は「性的指向や性自認を理由とする偏見や差別をなくそう」ということを強調事項に掲げまして、啓発活動を行なっております。たとえば、性的少数者に関するリーフレットを子ども向けに作成し、配布するということを行なっております。先ほどお配りした、委員の机に置かせていただいたもののなかにも子ども向けのリーフレットというものを入れさせていただきましたので、ご覧いただければ幸いでございます。法務省からは以上です。

外務省

195. 【アイヌ民族】アイヌの人々に関するご質問もありましたので〈←パラ54〉、簡単に申し上げておきたいと思います。内閣官房にアイヌ〔総合〕政策室が設置されておりますが、今回出席しておりませんので、代わってメッセージをお伝えします。日本政府は、アイヌの人々が自分たちの文化に対して持っている誇り、また民族集団として持っている誇りが尊重されうる社会の実現のために懸命に取り組んできております。また、わが国における多様な文化の促進にも取り組んでお

ります。

196. 実際、さかのぼれば1997年には、アイヌ文化の振興とアイヌの伝統の継承のための法律を制定いたしました。そしてそのための財団、いまでは機構になっておりますが、それを設立しまして、アイヌ語の教育、アイヌ文化の継承と再活性化、公衆の意識啓発プログラムなどを行なっております。また、伝統的生活空間の再活性化、共生空間の設置運営にも取り組んでおります。北海道にあるこの共生空間の拡大も進めており、2020年4月にはこの目的のための新たな施設を再オープンする予定にしております。これらの取り組みを支援するための政府からの資源も活用しております。

197. これに加えて、内閣官房長官が座長を務める研究グループ〔アイヌ政策推進会議〕があり、アイヌ政策をさらに推進する方法について検討しております。またその会合ではアイヌの人々の意見も聴取しています。先ほど申し上げたように、私どもは2020年にナショナルセンターを拡大して再オープンすることとしていますが、私どもは現在、文化振興、社会的・経済的実施措置、コミュニティ開発、アイヌの文化・伝統関連の産業振興措置をさらに増進する法案の国会提出を検討中です。以上が政府の全般的政策です。もちろん、申し上げましたようにこれは文化・伝統等に関連するものですが、これらのプログラムからは若い世代も利益を得ることになります。ありがとうございました。

198. 次に、朝鮮学校、北朝鮮学校（North Korean schools）だと思いますが、これに関するご質問もございました〈←パラ164〉。文部科学省の代表に、これらの学校への財政支援に関する質問にお答えいただければと思います。〔日本語で〕文部科学省から朝鮮学校の関係でお答えいたします。

文部科学省

199. 【朝鮮学校の高校無償化除外】文部科学省、山本です。高校等就学支援金制度ですけれども、これは対象となる生徒を日本国籍に限定していません。日本国内に在住している、朝鮮籍を含めた外国籍の生徒についても対象とするものであります。外国籍の生徒に対する支援の内容についても、日本国籍の生徒とまったく同じ内容のものです。また、わが国に居住する外国人をもっぱら対象とする外国人学校に生徒が通う場合であっても、法令が定める要件を満たしていれば支給対象となります。朝鮮学校については、当時の法令にのっとって定められた審査基準、これに適合すると認めるに至らなかったため、就学支援金制度の対象の指定になりませんでした。あくまで法令に沿って判断したものでありまして、朝鮮学校に通う生徒の国籍を理由とした差別には当たりません。また、今後朝鮮学校が法令で定める要件を満たせば、就学支援金制度の適用対象となるものであります。文部科学省からは以上です。

外務省

200. ロドリゲス委員からは障害のある子どもに関するご質問がございました〈←パラ152〉。ふたたび文部科学省の代表からお答えいただきたいと思います。インクルーシブ教育、研修、ADHDなどを含め、包括的にお答えください。お願いします。〔日本語で〕文科省からです。

文部科学省

201. 【障害のある子どもの教育】ふたたび文部科学省、山本です。インクルーシブ教育システ

ムの構築に向けまして、子どもたちが1人ひとりの教育的ニーズに応じた適切な指導および必要な支援を受けることができる多様な学びの場の整備を行なうため、さまざまなことに取り組んでいます。具体的には、特別支援教育に関する教職員の資質の向上、それからADHDを含む発達障害などの障害のある子どもに対する指導方法に関する調査研究、それから小中学校のクラスに通う生徒の指導のための教員の数の確保でありますとか、子どもの学習活動上のサポートを行なう支援員の配置に関する財政的な支援、また教育だけでなくてですね、福祉や医療等の関係機関が連携し、就学する前から卒業したあとにわたる切れ目のない支援体制の整備を促進するための事業を推進しているところでございます。〈→パラ253−255〉

202.　【ADHD等の発達障害】いま申し上げたなかで、とくに昨日委員からADHDの関係についてご質問がありましたので〈←パラ156〉、そこに特化してもう少しお話しさせていただこうと思いますが、ADHD・発達障害のある児童生徒、これはどの学校においても在籍する可能性がありますので、各教員が発達障害の特性を理解して、適切な指導を行なうための能力を身につけることがたいへん重要になってまいります。このため、2019年度の教員免許の課程から、どの学校種の教員免許状を取得するにあたっても、特別な支援を必要とする幼児、児童および生徒に対する理解についての事項を必ず習得させるようになっています。また、各教育委員会に対しまして、発達障害に関する研修の充実を図るために、発達障害のある児童生徒が学習上つまづきやすいポイント、それからそれに対応する効果的な教科指導のあり方を研究するような事業、こうしたものに取り組んでいまして、予算を拡充しながらこうした取り組みの充実を図っていきたいというふうに考えているところでございます。文部科学省からは以上です。〈→パラ257〉

外務省

203.　福祉的支援も行なっておりますので、厚生労働省のほうから、この点に関してもお答えいただきたいと思います。〔日本語で〕厚生労働省から、同じ、障害児、ADHDについてお答えします。

厚生労働省

204.　【ADHD等の発達障害】厚生労働省、島でございます。ADHDを有するなど、とくに支援が必要な子どもについて、児童相談所や市町村の支援の状況についてご説明いたします。家庭での養育が可能な子どもについては、家庭で養育できるよう児童相談所や市町村において支援を行なっております。一方、家庭での養育ができない子どもについては、子どもの状況に応じて必要な支援が行なえるよう、障害の特性に応じた適切な施設や病院などを児童相談所において判断しております。なお、障害児の数については、生活のしづらさに関する調査ですとか、社会福祉施設等調査などを行なうとともに、障害者白書において公表しております。厚生労働省からは以上でございます。〈→パラ257〉

外務省

205.　スケルトン委員から少年司法に関するご質問もいただいております〈←パラ160−172〉。法務省の代表から、この問題に関するいくつかのご質問にお答えいただきたいと思います。〔日本語で〕刑事司法の関係について。

法務省

206.　【虞犯】それでは法務省の真鍋から、刑事司法の関係、少年司法の関係についてお答え申し上げます。まず虞犯についての質問がありました〈←パラ166〉。虞犯ですが、性格や環境に照らして将来罪を、犯罪を犯すおそれがある少年のことを虞犯少年といいますが……。〔通訳の混乱により言い直し〕法務省の真鍋です。虞犯についての質問がありました。性格や環境に照らして将来罪を犯すおそれがある少年のことを虞犯少年といいますが、確かに虞犯については少年法に規定があります。しかし、そもそも少年法の目的についてお話をさせていただきたいと思います。少年法の主目的は少年の健全な育成を期待し、非行のある少年に対して性格の矯正ですとか環境の調整に関する保護処分を行なうことにあります。他方、刑事手続というのは刑罰権の発動を目的とするものでありまして、少年法の主目的、それから刑事法の主目的というのは異なっております。したがって、虞犯の少年が少年院に送致されることがありうるからといって、それをもって、身柄を拘束ということがあるから不当であるというふうに言うのは正しくないものであろうと考えております。

207.　【刑事手続適用年齢】次に、少年についての刑事処分可能年齢を14歳から16歳、昔の16歳に引き上げるべきではないか、このようなご意見がございました〈←パラ168〉。これについてご説明します。2000年の少年法改正において刑事処分可能年齢を16歳から14歳に引き下げたのは、14歳や15歳の、年の若い少年による凶悪重大事件が後を絶たなかったために、少年の健全育成のためには、こういった年齢層の少年であっても罪を犯せば処罰されることがあるということを明示して、規範意識を育て、社会生活における責任を自覚させる必要があると考えられたために、刑事処分可能年齢を刑法における刑事責任年齢と一致させて14歳としたものであります。したがって、ご指摘ございましたような、従前の16歳へ刑事処分年齢を引き上げるという再度の法改正をする必要はないものと考えております。

208.　【死刑・無期刑】次に、死刑と無期刑の緩和についてのご質問もございました〈←パラ169−170・172〉。死刑と無期刑についてですが、現在少年法は、犯行、犯罪を犯した際に18歳未満の者に対しての死刑と無期刑の緩和について規定をしています。なお日本には、無期刑といった際に、仮釈放のない終身刑というのは存在しません。これを前提にご説明しますと、ある犯罪を犯したときにその犯罪が死刑が定められている場合、その犯罪を犯した者が犯行時18歳未満の場合は死刑ではなくて無期刑、仮釈放のある無期刑を科すこととなっています。同様に、ある犯罪が無期刑に当たる場合、その犯罪を犯した者が18歳未満の場合には有期の懲役・禁固を科すことができるというふうにされています。この無期刑についての仮釈放の取扱いですが、通常、成年は無期刑の場合には10年を経過したあと仮釈放が可能となっています。他方、少年については特別の規定が設けられておりまして、これは、18歳ではなく20歳未満のときに無期刑の宣告を受けた者については、10年ではなく7年の経過で仮釈放をすることもできるというふうに定められております。法務省からは以上です。

外務省

209.　ロドリゲス委員から私どもの性的搾取防止行動計画に言及があり、それだけではなくおほめいただいたと思いますが〈←パラ159〉、警察庁のほうから、進捗状況に関する委員のご質問に、PDCAサイクルや子どもの意見聴取に関する点も含めてお答えしたいと思います。〔日本語で〕では警察庁からお答えします。

警察庁

210. 【性的搾取】警察庁の高田志保と申します。昨日、ロドリゲス委員より「子どもの性被害防止プラン」を踏まえた最近のわが国の取り組みやその進展についてご質問をいただきましたので、お答えをいたします。「子どもの性被害防止プラン」については、このプランに記載された施策の進捗状況を1年ごとに検証するとともに、市民社会、NGO等の意見も踏まえ、翌年の取り組みに反映させるようにしております。具体的には、2017年にインターネット環境整備法が改正されたことから、児童が使用するスマートフォン等の購入時におけるフィルタリングの設定を促進する規定を設け、フィルタリングの普及を図っております。また、被害児童の支援を行なうワンストップ支援センターを全国の都道府県に設置し、被害児童が支援を受けやすい体制を構築しました。さらに児童の性被害防止の啓発にあたっては、児童自らが被害の現状とその対策を考える機会を設け、さらにその内容に基づき児童自らが演劇を行なうなど、被害の現状などについて広報する活動も展開しております。以上です。〈→パラ246〉

外務省

211. 日本における代替養育について、タスクフォースのメンバー全員、4人の委員からご質問をいただいたと思います。厚生労働省からこのご質問にお答えします。〔日本語で〕厚生労働省から代替養育についてお答えします。

厚生労働省

212. 【代替的養護】厚生労働省、島でございます。カソーバ委員よりいただきましたいくつかの児童の保護に関するご指摘について、お答えをしたいと思います。オルタナティブケア、代替養育への取り組みを早急に進めるべきであるとのご指摘を受けました〈←パラ144〉。わが国では、本条約の理念を受けまして、2016年に児童福祉法を改正しております。この改正では代替養育を必要とする児童も家庭と同様の環境において継続的に養育されるよう、国・都道府県・市町村が必要な措置をとる旨を児童福祉法に明記しました。そのための取り組みを具体化すべく、現在、各都道府県において2020年度から10年間にわたる計画の策定作業を進めております。国としても、計画の策定状況や策定後の進捗状況を把握し、十分な支援を行なってまいります。

213. ここで少しポスターを紹介させていただきます。日本では里親に関するキャンペーンを毎年実施しておりまして、この取り組みを今後も続けてまいる考えでおります。こうした里親委託を推進していく過程においては、子どもが不利益をこうむることがないよう十分な配慮を行なうことが必要と考えております。そこで、2020年度末までに、児童相談所が施設や民間団体と連携し、里親による養育を包括的に支援する新たな体制を各地域において構築することとしております。

214. 【親子分離】さらに、児童の保護に関するご指摘をいただいております〈←パラ145〉。代替養育が必要かどうかについては、児童相談所が児童や家庭の置かれた状況について調査を行ない、慎重に判断しております。その判断にあたっては、子どもや親の意見を確認することにしております。なお、児童相談所の判断が親の意見に反する場合には家庭裁判所の判断を仰ぐこととしております。

215. 【児童相談所の運営費用】続きまして、児童相談所の運営に関する経費についてご指摘をいただいております〈←パラ147〉。こうした経費は、支援した子どもの人数によるのではなく、管轄する地域の人口規模などに応じて算出されております。また、児童の代替養育に関する費用に

ついては、児童相談所ではなく里親ないし施設に直接支払われております。

216. 【保護者のいない移住者の子ども】さらに、スケルトン委員からもご指摘をいただきました外国籍の子どもについてでございます〈←パラ165〉。外国籍の子どもについても、児童相談所において、相談対応、支援、保護など、日本国籍の子どもと同様に児童の状況に応じた支援を行なっております。〈→パラ252〉

217. 【強制改宗】〈←パラ66〉特定の宗教に入信または改宗させることが親の親権の濫用に当たる場合には、児童相談所は親権の停止などを家庭裁判所に申し立てることができることとされております。厚生労働省からは以上でございます。

外務省

218. カゾーバ委員とロドリゲス委員から、表現の自由や意見を聴かれる権利についてお尋ねをいただきました。まず法務省のほうから、家事審判における代理についてご説明をお願いします。〔日本語で〕法務省から家事審判における意見表明についてお答えします。

法務省

219. 【子どもの意見の尊重】法務省、真鍋から、家事審判における子どもの意見表明についてご説明さしあげます。カゾーバ委員からは、意見表明権の保障を15歳以上としていることについてのご意見をいただきました〈←パラ59〉。15歳未満についても意見を聴くべきということを法律上定めるべきではないかというご意見かと思いますが、これにつきましては、現在、家庭裁判所によって15歳未満の者に対しての意見聴取も適切に行なわれていると、適切な運用が図られているというふうに考えておりまして、法律上の引き下げというのは考えていないところでございます。その理由でございますけれども、15歳未満の場合にも一律に子どもの意見を聴かなければならないこととすると、子どもの判断能力あるいは子どもの情緒との関係で、かえって子の福祉に反する事態が生じるおそれがないとも限らないからです。実際の運用においては、子どもが15歳未満の場合であっても、後見的・福祉的な役割を持つ家庭裁判所が、家庭裁判所の裁判官であるとか、調査官、家庭裁判所の調査官によって、子どもの福祉に配慮して意見聴取の適否を慎重に判断したうえで適切に子どもから意見を聴いているというふうになっております。法務省からは以上です。〈→パラ243・267〉

外務省

220. 高校生の政治的活動に関するご質問〈←パラ68〉もありましたので、文部科学省からお答えを申し上げます。

文部科学省

221. 【結社・集会の自由】文部科学省、山本です。2014年に法律改正がありました。選挙権年齢が18歳に引き下げられたものです。これを踏まえて、政府としては、高校等の生徒が国家・社会の形成によりいっそう主体的に参画していくことを期待しています。具体的には、学校内外を、学校の中と外を問わずに政治活動について一律に厳しい制約を課していた通知……これ、昨日委員からもご指摘のあったものですけれども、この通知については廃止いたしまして、とくに学校外における政治的な活動は、家庭の理解のもとに生徒が判断し、行なうものであるということが明確化

されているところであります。文部科学省からは以上です。

外務省

222. カゾーバ委員から、子ども向けの安全教育に関するご質問がございました〈←パラ58〉。そこで、まず警察庁のほうから交通事故などについてお答えし、続いて文部科学省からお答えします。〔日本語で〕警察庁、文部科学省の順に、事故防止教育についてご説明します。

警察庁

223. 【交通事故防止】警察庁の高田です。子どもの交通事故防止対策についてお答えをいたします。警察では、学校や関係機関・団体等と連携し、年齢や通行の態様等に応じた交通安全教育を推進しております。たとえば、小学校の児童に対しては、歩行者および自転車利用者として必要な技能・知識を習得させるとともに、小学校PTA等と連携した交通安全教育を実施しております。中学生に対しては、自転車で安全に道路を通行するために必要な技能・知識を習得させるとともに、自己の安全だけでなく他人の安全にも配慮できるようにするため、中学校PTA等と連携した自転車安全教室等を実施しております。また、通学路の定期的な合同点検等の結果を踏まえ、警察による対策が必要な箇所において、教育委員会、学校、道路交通管理者等と連携し、信号機や横断歩道の設置等による道路交通環境の整備、通学路の危険個所を取り上げた具体的な交通安全教育などを推進しております。警察庁からは以上です。

文部科学省

224. 【交通事故防止】続いて文部科学省から補足します。山本です。いま警察庁から説明があったとおり、学校における交通安全の教育については、家庭、それから地域の関係機関・団体等と連携を図りながら、学校教育全体のなかで取り扱われています。交通安全の習慣から、事故の補償問題の理解、交通事故の防止などについて、子どもの発達段階に応じて指導することとされています。また、交通安全教育を含む教職員向けの安全教育資料の作成や配布、それから研修会も同様に実施しています。文部科学省からは以上です。

外務省

225. スケルトン委員からはあまりにも競争的な環境についてもご質問をいただきました〈←パラ162〉。ふたたび文部科学省の代表からこの質問にお答えします。

文部科学省

226. 【競争主義的教育】ふたたび文部科学省、山本です。現在は少子化、それから入学定員の拡大にともなって過度の受験戦争は緩和されていると認識しています。すでに高校への進学率は98.8％、高校の収容力は十分なものになっています。それから、大学の志願倍率は1992年の1.94倍から2016年には1.12倍まで下がっています。さらに選抜方法も改革を進めています。高校の入学者選抜方法は、生徒の個性に応じた学校が選べるように多様化しています。大学入学者選抜も30年ぶりに、2021年から新しい入試制度になります。教科の知識に過度に偏重した選抜方法でなく、入学志願者の学力を多面的・総合的に評価する選抜方法へ転換いたします。知識・技能、それからそれらを基盤にした思考力、判断力、表現力、それから主体性を持って多様な人々と協働して学ぶ

態度を持っているか、こうしたものを多面的・総合的に評価しながらの入試制度ということで大きく変革を図っているところでございます。文部科学省からは以上です。

外務省

227. カゾーバ委員からは、離婚後の親子関係および関連の法律上の権限についてのご質問がありました〈←パラ143〉。〔日本語で〕法務省から離婚後の親権についてお答えします。

法務省

228. 【共同親権】法務省の真鍋から離婚後の共同親権についてご説明いたします。離婚後の共同親権制度をわが国に導入するかどうかについては、国民の間にさまざまな意見が見られています。現在、与野党を超えた議員連盟においても議論がされているところです。また、離婚した夫婦の間では、子どもを養育監護する際に必要な合意というのが適時に得られないといったような場合など、子どもの利益に反するような事態が生ずるおそれもございます。とくに父母の感情的な対立が根深い場合など、離婚後の夫婦が協力して親権を行使することができないといった場合も想定されます。このような事情から、離婚後の共同親権制度の導入については慎重に検討する必要があると考えています。先ほど申し上げた与野党を超えた議員連盟の議論状況についても、政府としては注視していかなければいけないというふうに考えています。以上です。〈→パラ259〉

代表団団長

229. 【子どもの無国籍】あらためまして、大鷹です。ロドリゲス委員から、無国籍者・無国籍児に関するご質問があったと思います〈←パラ62・64・65〉。このご質問についてまず私のほうからご説明しますが、条約との関連では、関連する条約が2つございます。ひとつは無国籍者の地位に関する条約、もうひとつは無国籍の削減に関する条約です。私どもとしても、無国籍である人の権利および地位を実際に保障する必要性は承知しておりますし、これらの問題に関して問題が生じないようにする必要性は存在すると思います。この点について、いま申し上げた2つの条約を締結する可能性は検討してまいりましたが、これは非常に複雑な問題であり、非常に広範囲の省庁が十全に関与しなければならなくなり、容易な仕事ではないと考えております。また、両条約に関する決定を下すにあたっては日本の現状についても検討しなければならないと思います。この点に関して、法務省のほうから、日本の現状についてもう少し情報を提供してもらいたいと思います。

法務省

230. 【子どもの無国籍】それでは法務省の真鍋から補足したいと思います。無国籍の子ども、児童の保護についてでございますが、わが国における無国籍児童については日本国籍を取得できるような枠組みというのを整備しております。たとえば、日本で生まれた子どもの父親と母親、父母が両方とも不明であるとか、あるいは父親と母親が両方とも無国籍であるとき、この場合その子どもは日本国籍を取得できます。また、日本で生まれた子どもであって生まれたときから国籍がない子どもが、生まれたときから継続して3年以上日本に住所を持っている場合、この場合は通常よりも緩和された条件で日本国籍に帰化することができます。したがって帰化により日本国籍を取得できます。そのように、わが国については無国籍児童に対する保護というのを制度化しております。以上です。

代表団団長

231. 法務省のほうから、戸籍に登録されていない子ども、無戸籍の子どもに関しても少し説明していただければと思います。

法務省

232. 【無戸籍児】引き続きまして、法務省の真鍋が、無戸籍の問題についての法務省の取り組みを紹介します。戸籍に登録されていない無戸籍の者に対しては、無戸籍の方が戸籍を作るための手引書を作成しまして、これを市区町村を含めた関係機関に配布しているところでございます。また、全国の法務局において無戸籍解消のための相談窓口を設置しております。この相談窓口において、個別の事案について丁寧な手続の案内を行なっております。それから、戸籍を持たないまま長期間経過し成人したような場合、長期間無戸籍の状態になっている方々については、法務局において市区町村等と連携して情報を集め、その情報を分析し、また共有することなどによって、1人ひとりに寄り添いながら、戸籍に記載されるための丁寧な手続案内を進めているところでございます。法務省は以上です。〈→パラ261〉

外務省

233. 残り10分ほどですが、乳幼児期のケアおよび教育に関する質問にお答えしたいと思います。私どもの政策について心強いお言葉をいただいたと思いますが、厚生労働省のほうからこれらの点について少し詳しく説明いたします。〔日本語で〕厚生労働省から。

厚生労働省

234. 【待機児童対策】厚生労働省の唐澤と申します。私からは乳幼児に関する3点の対策についてご説明を申し上げます。1点目が待機児童対策です。昨日スケルトン委員より待機児童対策についてご指摘がありました〈←パラ161〉。子育てをしながら働く女性の割合の増加などを背景といたしまして、わが国では保育を必要とする乳幼児が非常に増えてきております。こうしたなか、保育の必要性があるにもかかわらず保育所等に入所できない児童、いわゆる待機児童が発生しており、その解消に向けて、政府においては2013年度から2017年度の5年間で政府目標の50万人を上回る約53.5万人の保育の場を確保いたしました。この結果、2018年4月1日時点での待機児童数は前年4月1日時点より約6,200人減少した1万9,895人となり、10年ぶりに2万人を下回る結果となりました。現在、政府におきましては、昨日の日本政府代表における冒頭ステートメントでも申し上げましたとおり、この待機児童対策を政府の最重要課題のひとつとして位置づけ、子育て安心プランに基づき、各自治体と連携し、2020年度末までに待機児童の解消を図るとともに、女性の就業率、2017年現在74.3%でありますが、この数字が80%になった場合の保育ニーズにも対応できるよう、32万人分の保育の場を整備することとしております。

235. 【低出生体重】引き続きまして、昨日ロドリゲス委員よりご質問のありました低体重児対策〈←パラ153〉についてご説明申し上げます。わが国における低出生体重児の割合は約9%を超えており、先進諸外国と比べても高い値となっております。この低出生体重児増加の要因としましては、医学の進歩により早期産児の割合が増加したことや、多胎児妊娠、妊娠前の母親の痩せ、妊娠中の母親の体重増加抑制、喫煙などが因子として報告されております。こうしたなか、厚生労働省といたしましては、関係者が一体となって推進する母子保健の国民運動計画である「健やか親子

21」、これは現在第2次の計画期間でございますが、このなかに全出生中の低出生体重児の割合や妊娠中の妊婦の喫煙率の減少など関連指標を設定し、目標達成に向けた取り組みを進めているところでございます。たとえば、妊娠中の望ましい体重増加量について周知するための妊産婦のための食生活指針や、妊娠中の喫煙を減らすための喫煙の影響に関する啓発資材を作成し、周知活動を行なっております。なお、妊娠中の喫煙がもたらす悪影響や妊娠中の望ましい体重増加量については、妊娠の届出をしたすべての妊婦に交付する母子健康手帳を活用した啓発も行なっております。〈→パラ270〉

236. 【HIVの母子感染】最後に、ロドリゲス委員からご質問がありましたHIVの母子感染についての対策〈←パラ154〉についてご説明申し上げます。HIV母子感染の防止に向けましては、早期診断を目的として、現在すべての都道府県におきまして、妊婦健診においてこのHIV検査を希望する者に対して公費で支援を行なっております。また、HIV感染妊娠に関する診療ガイドラインを作成いたしまして、関係団体等を通じて医療従事者向けに周知することにより、HIV母子感染予防に努めているところでございます。厚生労働省からは以上でございます。〈→パラ270〉

代表団団長

237. そろそろ時間切れになりつつあろうかと思います。52の質問のうち半分程度しか進んでおりませんが、最後にひとつ、ロドリゲス委員からいただいた国旗・国歌についてのご質問〈←パラ67〉にお答えしておきたいと思います。

文部科学省

238. 【国旗・国歌問題】文部科学省、山本です。わが国のみならず他の国も含めた国旗あるいは国歌の意義を理解してそれらを尊重する態度というのは重要だと考えています。このため、学校教育のなかでも社会科あるいは音楽科で国旗・国歌については指導されていまして、入学式・卒業式などにおいて、その意義を踏まえて国旗を掲揚するとともに国歌を斉唱するというような活動が行なわれています。国旗・国歌の指導は児童生徒の内心に立ち入って強制しようとするものではなく、あくまでも教育指導上の課題として指導するものでございます。文部科学省からは以上です。〈→パラ242〉

議長

239. はい、とりあえずありがとうございました。私の手元にはフォローアップ質問のリストがあります。まずロドリゲス委員に発言を認めます。2点、OPSCともうひとつ何かについて質問があるそうですね。できれば2分以内でお願いします。

ロドリゲス委員

240. 【福島原発事故】ありがとうございます。私たちが行なったすべての質問に詳しくお答えいただいたこと〈←パラ180−190〉について、代表団の皆さんにお礼を申し上げたいと思います。いくつかフォローアップの質問があります。まず福島についてうかがいたいと思いますが、いま現在、国際的に推奨されている上限に照らして依然として放射線量の高い地域に住んでいる人々はいるのかどうか、教えていただけますか。〈→パラ275〉

241. 【子どもの貧困】また、低出生体重の子どもの健康に関連する情報もありがとうございま

した。貧困や生活水準に関連してお尋ねをしたいと思います〈←パラ15／パラ89-91〉。日本の貧困率が15％という現状で、貧困下で生活している人々、とくに子どもたちがその状況から抜け出すのを援助するためにどのような取り組みを行なっていますか。〈→パラ298-301〉

242. 【国旗・国歌問題】教育に関して山本さんからいただいたお答え〈←パラ238〉にお礼を申し上げます。国家の象徴に関するお答えをいただきましたが、確かに子どもに対しては義務はないのでしょうが、もしも子どもが特定の理由ないし事情によって本当に国歌を歌いたくなかった場合はどうなるのでしょうか。その子どもには何らかの形で制裁が加えられるのでしょうか、それとも子どもの選択が尊重されるのでしょうか。〈→パラ277〉

243. 【子どもの意見の尊重】また、よくわからなかったお答えがひとつあります。私が誤解したのかもしれませんが、15歳未満の子どもの意見からは悪影響が生じる可能性があるということをおっしゃりたかったのでしょうか〈←パラ219〉。この点を明確にしていただけるでしょうか。〈→パラ307〉

244. また、OPSCについてですが……〔スペイン語から英語への通訳が一時中断〕

議長

245. 〔通訳に向かって〕選択議定書です。

ロドリゲス委員

246. 【人身取引】はい、お答えをありがとうございました〈←パラ210〉。人身取引との闘いに関する2つの計画の成果はどのようなものだったか、知りたいと思います。人身取引対策推進会議が設置されていますが、同会議のこれまでの成果がどのようなものか、教えていただければと思います。ありがとうございました。〈→パラ308-309〉

議長

247. ありがとうございました。サンドバーグ委員、お願いします。

サンドバーグ委員

248. 【性的虐待】ありがとうございます。これまで提供していただいた情報についてもありがとうございました。まず短い質問、子どもに対する暴力に関する質問があります。刑法——第175条だと思いますが——を改正して、子どもに対する立場または権力に乗じ〔て性行為を行なっ〕たすべての者を処罰対象とする意図はあるでしょうか。現在では保護者しか処罰の対象にされていません。〈→パラ285-286〉

249. 【気候変動・防災対策】次に、環境に対する子どもの権利についていくつか質問があります。貴国は化石燃料火力発電に大きく依存しており、少なくとも2030年まではそのままでいく計画とのことです。石炭火力発電を拡大する計画さえあります。これは、気候変動関連の義務やそれに関わる子どもの権利とどのように両立するのでしょうか。また、領域外でも化石燃料プロジェクトを進めています。この点についてコメントをいただければと思います。

250. 次に、気候変動に関する政策やプログラムを立案する際、これらの政策やプログラムを策定するにあたって子どもの特別なニーズや権利、子どもの意見というものを考慮に入れているでしょうか。また、気候変動に関する子どもの意識や心構えを高めるためにどのような取り組みを行な

っているのだろうかとも思います。自然災害についてもです。先ほど申し上げたことも、気候変動だけではなく災害リスク管理にも関連するものです。子どものニーズや意見は考慮されているでしょうか。子どもたちの意識や心構えは、たとえば原発事故に照らして、高まっているでしょうか。〈→パラ302−305〉

251. **【親に対する社会的支援／代替的養護】**ロドリゲス委員から貧困についての質問がありました〈←パラ241〉、私からは、親に対する社会的支援を強化する計画があるかどうか、お尋ねしたいと思います。そうすれば、児童相談所によって子どもを連れていかれなければならない状況にも陥らなくてすむと思います。子どもが親から引き離されることと貧困との間には何らかの相関関係があるはずだからです。つまり、親を支援するという形で親からの子どもの分離を防止するためにどのような取り組みをしているのか、説明していただければと思います。また、子どもを代替的養護に措置する際の要件についても知りたいと思います。この点について昨日質問が出されましたが、お答えをいただいていません。子どもを養護下に置くという決定を児童相談所ないし家庭裁判所が行なえる法的要件はどのようなものなのでしょうか。単にそれが必要だということで可能なのでしょうか、それともそれ以外に何らかの正式な要件があるのでしょうか。〈→パラ294・298−301〉

252. **【入管収容】**入管収容に関しては、退去強制との関係で子どもが大規模に収容されているように思われます。ただ、これとの関連で子どもが親から分離されることもあるようです。この点についてご説明いただけるでしょうか。ありがとうございました。〈→パラ283〉

カルドナ＝リョレンス委員

253. **【インクルーシブ教育】**ありがとうございます、議長。初めて発言しますので、まず日本の代表団の皆さまに温かい歓迎の言葉を申し上げます。障害のある子どもに焦点を当てて質問いたします。まず、事前質問事項への回答や提供していただいたデータを見て非常に驚きました。これまでのお答え〈←パラ201〉にも満足していないと申し上げます。お答えは非常に一般的であるように思われます。数十万人以上の子どもが特別教育施設にいることを認めておられますが、これはインクルーシブで質の高い教育について取り上げているSDG4に反していますし、障害者権利条約の諸規定、障害のある子どもに関連する特定の規定にも反しています。インクルーシブ教育および関連の権利について、親は、障害のある子どもが普通学校に行くことを裁判所で要求できるのでしょうか。特別学校を閉鎖して、必要な体制を整えた普通学校で代える意図はおありでしょうか。〈→パラ279−281〉

254. **【障害のある子どもの施設措置】**また、1万7千人以上の障害児が施設に入所していることを認めておられますが、これらの子どものためにどのような措置が予定されているでしょうか。施設から出られるようにする計画はありますか。どのような基準が適用されるのですか。子どもが家庭環境で暮らせるようにすることをどのように確保するのでしょうか〈→回答なし〉。教職員の研修のための具体的予算や、教育制度を変容させるための具体的予算はどのぐらいですか。〈→パラ281〉

255. **【障害のある子どもに対するスティグマ】**最後に、障害のある子どものスティグマ化と闘うためにどのようなキャンペーンを実施してきましたか。障害のある子どもたちは制度のなかで隔離・分離され、スティグマの対象にさえされているように思われます。スティグマと闘うために、どのような意識啓発キャンペーンや政策を検討・実施していますか。ありがとうございました。

〈→回答なし〉

議長

256. カゾーバ委員、どうぞ。

カゾーバ委員

257. 【ADHD】ありがとうございます、議長。おはようございます。ここまでいただいたお答えについてお礼を申し上げます。よろしければ、いくつかフォローアップの質問があります。最初の質問はADHDに関するもので、この問題を取り上げていただいてありがとうございました〈←パラ202・204〉。けれども、私たちが懸念しているのは、第1に、子どもがADHD症候群と診断される例が増えており、それが常に適正な診断ではないということです。第2に、子どもの健康にとってきわめてよくない影響を与える向精神薬がますます処方されるようになっています。これとの関連で問題なのは、私が誤解をしているのでなければ、ADHD治療薬との関連で日本は3番目に大きな医薬品市場であり、子どもとの関係で拡大傾向にあるということです。薬を処方することが常に必要かどうかについての研究の実施は検討されているでしょうか。親はこれらの薬の悪影響について承知していますか。また、非医療的な代替的選択肢について承知しているでしょうか。この点に関するお考えは私たちにとって非常に重要ですので、お答えいただければたいへんありがたく思います。〈→回答なし〉

258. 【親子分離の手続】家庭環境についての質問もあります。昨日私が尋ねたこと〈←パラ145－146〉ですが——これはつい先ほどサンドバーグ委員がお尋ねしたこと〈←パラ251〉とも一部関連しますが——、子どもをたとえば家族から分離する際の手続について、簡潔に、しかしもう少し詳しくご説明いただけるでしょうか。たとえば、児童相談所が、児童虐待が起きているとか特定の家庭で子どもがネグレクトされているという通告をたとえば近所の人から受けた場合、児童相談所の担当職員はどのような対応をとりますか。事案が裁判所に持ちこまれるまでに、なぜ一時保護の場に2ヵ月も子どもを留め置かなければならないのでしょうか。児童相談所長はこの一時的措置を延長することはできるのですか。親は現実問題として訴訟を起こすことはできるのでしょうか。違法な……親の視点からすれば違法な家族からの分離に対して裁判を起こす費用は負担可能なものになっていますか。この点がどうなっているのか、よくわからないのです。〈→パラ293〉

259. 【面会交流権】ごく簡単に、離婚後の状況についてもお尋ねします。なるほど、共同親権がよい考えだということを共有されないのはわかりました〈←パラ228〉。けれども、子どもが非監護親との連絡を維持する権利をまったく持たないという点に関して、政策を再検討する意思はお持ちではないだろうかと思うのです。この場合は生物学的親との連絡を完全に奪うことになるわけで、これは貴国の観点から見て子どもの最善の利益にかなうことでしょうか。お答えいただければありがたく思います。〈→パラ291〉

議長

260. ロドリゲス委員。ごく短くお願いします。

ロドリゲス委員

261. 【「300日」問題】はい、ありがとうございます。出生登録に関してお尋ねしなければなら

ない質問がひとつあります。出生の登録に関するものです。〔通訳に一時混乱あり〕申しわけありません、出生登録に関してお尋ねしなければならない質問がひとつあります。とくに「300日」問題に関する質問があります。例を示してご説明いただきたいのですが、両親が離婚して、その後300日以内に母親に子どもができた場合、誰が父親として認められるのでしょうか。実の、生物学的父親なのか、それともそうではないのでしょうか。お答えをいただけますか。ありがとうございました。〈→パラ296〉

議長

262. サンドバーグ委員。

サンドバーグ委員

263. 【児童ポルノその他の性的搾取】OPSCについてもう少し具体的にご質問するべきかと思います。そこでこの点について少しお話ししてよいでしょうか。買春……いえ、子どもの表象であるポルノグラフィーの製造、流通、配布、提供、販売、アクセス等々の犯罪化についてコメントしていただけますか。また、「女子高生サービス」〔JKビジネス〕や児童エロチカのような、児童買春および子どもの性的搾取を促進しまたはこれにつながる商業的活動の禁止についてはいかがでしょうか。オンラインおよびオフラインでの子どもの売買、児童買春および児童ポルノについて捜査し、制裁を科すための取り組みを強化する計画はお持ちですか。このぐらいです。ありがとうございました。〈→パラ287−289〉

議長

264. ありがとうございます。タスクフォースではない委員が4名、発言を希望しています。1人1分でお願いします。そうしなければ終わりませんので。最初はコトラーネ委員です。1分でお願いします。

コトラーネ委員

265. 【強制労働／子どもと武力紛争】ありがとうございます、議長。日本の代表団の皆さんに、温かい歓迎の意を表したいと思います。OPSCについてフォローアップの質問があります。委員会は選択議定書で定義された「子どもの売買」が禁止されていることを確認しなければならないのですが、これが日本の法律で網羅されていないことを懸念しています。たとえば強制労働は子どもの売買とは見なされていません。この間、刑法が改正されて対象とされるようになったのかもしれませんけれども。委員会は、子どもが禁止された活動、たとえば紛争への参加に関与する可能性があることも非常に懸念しています。これも刑法では対象とされていません。刑法が本当に武力紛争における子どもの編入・徴募を禁止しているのかどうか、知りたいと思います。ありがとうございました。〈→パラ313〉

議長

266. イドリシ委員。すみませんが1分でお願いします。

アユービ＝イドリシ委員

267.　【子どもの意見の尊重】ありがとうございます、議長。日本の代表団の皆さんを歓迎します。簡単な質問が2つあります。私の理解が正しければ、15歳未満の子どもについては、意見を聴いてもらう権利が法的には認められていません。また、子どもの意見の解釈について裁判所は非常に慎重だともおっしゃいました〈←パラ219〉。これは少々矛盾していると思われないでしょうか。裁判官はけっきょく子どもの意見について解釈を行なうわけです。もちろん、裁判官は、子どもの最善の利益にふさわしいと考える形で自由に子どもの意見を解釈することができます。これはちょっと矛盾しているとお考えになりませんか。15歳未満の場合、情緒的に未熟だからということで子どもが本当に意見を表明することはできないと考えるのに、刑事責任は14歳から生じるわけですから。刑事責任を適用するためには理解力というものが必要になるのですが。ありがとうございました。〈→パラ307〉

議長

268.　ありがとうございました。アワ＝アズマ委員。

アワ＝アズマ委員

269.　【出生登録】ありがとうございます、議長。大勢の代表団の皆さんに朝のご挨拶を申し上げます。私の質問は出生登録に関するものです。人々に情報を提供するためのガイドブック、マニュアル、手続資料があるとおっしゃいましたが〈←どの発言を指しているのか不明〉、これは一般市民にどのように受け入れられ、あるいは利用されているのでしょうか。多くの子どもがいまだに登録されていないように思われます。つまりハンドブックは適切なものになっていないのかもしれません。〈←回答なし〉

270.　【早産対策】女性との関連でPTME〔母子感染予防〕についてのお話もありました〈←パラ236〉。また、〔低出生体重の〕原因のひとつは喫煙であるともおっしゃいました〈←パラ235〉。未熟児の出生に関わって喫煙と闘うための予防プログラムはあるのでしょうか。早産には複数の原因があります。早産の原因の分野で具体的な取り組みは行なっていますか。これは新生児の死亡の多くの原因になっているからです。〈→回答なし〉

議長

271.　トドロバ委員。やはり1分でお願いします。

トドロバ委員

272.　【婚外子差別】ありがとうございます、議長。代表団の皆さんにもお礼を申し上げます。質問というよりはコメントになります。「非嫡出子」（illegitimate children）という概念を完全に廃止することに関する政府の計画〈←パラ140〉について私が満足していない、はっきり理解できていないことを代表団の皆さんにおわかりいただきたいと思います。おわかりいただきたいのは……委員会はこの問題を何度か取り上げてきましたが、出生届や戸籍の書式で廃止するという問題は依然として残っています。嫡出でないことの表示はまだ残っており、つまり婚姻していない両親の子どもに対する差別やスティグマは続いているということです。ありがとうございました。

議長

273. ありがとうございました。準備のために20分間の休憩を宣言します。20分間です。つまり12時5分前にはお戻りください。〔事務局に確認した後〕12時5分前には再開しなければなりません。よろしくお願いします。

〔20分間休憩〕

議長

274. あらためて、お帰りなさい。皆さん、席に戻っていただけるでしょうか。はい、よろしいですか。まずは皆さんの忍耐力に対して、次に規律正しい振舞いについて、あらためてお礼を申し上げます。それでは直ちに団長閣下にご発言を認めます。

代表団団長

275. 【福島原発事故】時間に限りがありますので、1つ1つの質問に対するお答えは簡潔にしなければなりません。まず福島に関する質問〈←パラ240〉、放射線のレベルが十分に低いのかどうかという点について取り上げます。私の答えは、「はい、低いです」というものです。いくつかの国際機関によって定められた基準がありますが、それは年間約20ミリシーベルト（mSv）ということになっています。放射線レベルはこれ以下でなければなりませんし、私どもは20よりもはるかに低い1〔mSv〕を目標にしています。そして、日本では実際の数値はそれよりもはるかに低いですし、福島のほとんどの場所でも同様です。この種の質問に対しては、私どもはきちんと対応することを決意しております。この点については世界中に多くの誤解があります。この機会に申し上げておきたいと思いますが、福島では、もはや避難地域ではない場所では状況は非常にクリーンであることを皆さん承知しています。放射線はまったくありません。私どもはこのことについて取り組んできましたし、福島の皆さんも頑張ってきました。けれども多くの誤った情報が流れているのです。

外務省

276. ロドリゲス委員より、国歌に関わる実情についてのご質問がありました。文部科学省からお答えします。〔日本語で〕じゃあ、文部科学省、お願いします。

文部科学省

277. 【国旗・国歌問題】文部科学省、山本です。よろしいですか。文部科学省、山本です。ロドリゲス委員から、国歌の関係について、もし歌わなかった場合のことについて、ご質問いただきました〈←パラ242〉。国歌を歌わなかったことによって制裁を受けるかというご指摘でありましたけれども、制裁を受けることはもちろんございません。ただ、児童生徒がその信念に基づきまして指導に従わなかった場合には、適切な教育的な配慮のもとに繰り返し指導を行なっていくということが必要であるというふうに考えております。国歌の関係について文科省からは以上です。

外務省

278. カルドナ委員から、障害のある子どもについてのご質問がありました〈←パラ253〉。ふたたび文部科学省からこのご質問にお答えします。〔日本語で〕じゃあ、文部科学省から。

文部科学省

279. 【障害のある子どもの教育】ふたたび文部科学省、山本です。義務教育段階のですね、障害のある子どもたちの就学先の決定については、市町村の教育委員会が決定する仕組みになっていますけれども、この決定にあたっては子どもたちの障害の状態、それから教育上必要な支援の内容、それから地域における教育体制の整備の状況、それから教育学・医学・心理学などの専門家の意見等が踏まえられていくことになります。またその際には、本人、児童生徒本人、それから保護者の意見を最大限尊重するように求めているところでございます。

280. それから、続いてインクルーシブ教育についてもご質問いただきました。障害のある子どもと障害のない子どもが可能なかぎり同じ場で学ぶということ、これは障害者に対する理解を深めることにつながりまして、たいへん重要だと考えております。また、共に学ぶにあたっては、それぞれの子どもが授業内容がわかり、学習活動に参加している実感を持ちながら、充実した時間を過ごしつつ生きる力を身につけていけるかどうかがもっとも本質的な視点となってくると思います。そのためにさまざまな支援体制の整備が必要でありまして、先ほど私からの説明でもしましたけれども、教職員の資質の向上、それからADHDを含む発達障害などの障害のある子どもに対する指導方法に関する調査研究、それから子どもの学習を支援するための支援員の財政的な支援、こうしたものが必要でありまして、2018年度の予算で言いますと、こうした特別支援教育に関係する予算は約24億円計上しているところでございます。

281. 教員の資質の向上については、これも先ほど申し上げましたけれども、2019年度から、教員の免許を取るときに特別な支援を必要とする子どもたちに対する理解について必ず学ぶようにというカリキュラムになってございまして、また教員の研修を充実させるために教育委員会において効果的な教科指導のあり方を研究するようなモデル事業を行なっていたりですね、あるいは学習上つまづきやすいポイントについて研究したり、そういった事業を行なっていまして、そうした取り組みで特別な支援を必要とする子どもたちの教育の充実にますます努めてまいりたいと思っております。文部科学省からは以上です。

外務省

282. サンドバーグ委員から強制退去についてのご質問がありました。法務省からお答えします。

法務省

283. 【入管収容】退去強制時の母子の、親と子の分離についてのご質問でした〈←パラ252〉。結論から言うと、退去強制手続中の子どもと親については、親と一緒にいるということを配慮して手続を進めています。親とともに在宅のまま調査を進めましたり、あるいは親族や児童相談所に一時保護を依頼し、あるいは収容中の者については仮放免、仮に放免することを弾力的に運用するなどして、基本的に収容を行なわずに手続を進めています。やむを得ず収容する場合であっても、親と同室に収容し、可能な範囲で親を除く他の成人収容者とは別の居室、別の部屋にその親子を収容

しているということで、必要最小限度の収容に留めております。以上です。

外務省

284. サンドバーグ委員から性的搾取・虐待等についてのご質問がありました〈←パラ248・263〉。法務省と、そのあと警察庁のほうから、私どもがこの点について行なっている取り組みについて説明いたします。〔日本語で〕では、法務省。

法務省

285. 【性的虐待】引き続きまして、法務省、眞鍋です。サンドバーグ委員から刑法175条についてご質問いただきました〈←パラ248〉。これは刑法179条の間違いではないかと思いますが、刑法では、179条では、現に監護する者が性的行為、子どもに対して性的行為に及んだ場合に、同意なく、被害者である子どもの同意なく処罰することにしています。この現に監護する者については、法律上監護する義務がある者に留まらず、事実上、現にその子どもを監督して保護している者に対しての処罰が可能となっておりますので、そういった意味では、処罰の範囲というのは委員がご指摘のところよりも広いのかと考えております。

286. さらに進めて、これを子どもに対して影響力を行使できる監護者以外の者についてまで処罰の対象とするかどうかということについては、これは慎重に考えるべきであろうと考えています。監護者を子どもの同意なく処罰する趣旨というのは、現に監護する場合はその者が子どもに対して生活全般にわたって精神的・経済的に依存せざるを得ない状況にあるから処罰することにしたものです。学校の先生であるとか、スポーツのコーチであるとか、現に監護している者以外の者については、そういった趣旨が当てはまらないのではないかと考えております。ただこの場合でも、児童に対して事実上の影響力を及ぼして淫らな行為をさせた場合には、児童福祉法違反の法律で処罰されますし、場合によっては刑法上の準強制性交等罪が成立する場合もありますので、十分に処罰が可能なのではないかと考えております。

287. 【児童ポルノ】続きまして、刑法175条については、これはわいせつな物を陳列したり頒布した場合に処罰する規定です。これに関連して、着エロ——着衣の子どもです——エロチックな方法により着衣の子どもを撮った場合、撮影したような、いわゆる着エロ、あるいはイメージビデオについては対処が不十分ではないかというご質問かと思いますが、児童ポルノ禁止法での処罰については、仮にいわゆる着エロでありますとかイメージビデオであった、そういう場合であったとしても、児童ポルノ禁止法の法律上の要件を満たせば児童ポルノに該当し、処罰が可能であるというふうに考えています。法務省からは以上です。

警察庁

288. 【性的搾取】次に警察庁の高田から、サンドバーグ委員の……。〔通訳に混乱あり〕再度、警察庁の高田です。サンドバーグ委員から質問のありましたオンラインの性的搾取、またJKビジネスに関してお答えをいたします〈←パラ263〉。まずオンラインの性的搾取については、最近日本国内においてはインターネット上の、いわゆるSNSに起因する児童の性的被害、たとえば児童ポルノですとか児童買春の被害が増加傾向にあり、警察としてこの被害防止に尽力しているところであります。具体的には、警察では、各種法令を適用した違法情報の取締りや、インターネット上での不適切な書き込みを行なった児童に対して指導を行なう等の取り組みを推進しておりますほか、

関係機関と連携して保護者に対する啓発活動を強化し、また児童に対する情報モラル教育を推進しております。さらに、インターネット接続機器に関しましてフィルタリングの利用促進をしており、不適切なウェブページについて児童の閲覧を防止する取り組みを推進しております。また、SNS事業者自身による対策強化の自主的な取り組みの強化にも支援をしているところであります。

289. 次にJKビジネスについてお答えをいたします。2017年の5月に関係省庁対策会議におきまして「今後の対策」というものをとりまとめております。この「今後の対策」に基づきまして、政府を挙げてJKビジネスの取締りの強化、相談体制の充実、教育啓発の強化等に取り組んでいるところであります。警察では、その実態把握に努めながら、労働基準法や児童福祉法等に違反する行為について積極的に取り締まっているところでありまして、JKビジネスに従事する児童等に対する保護もしております。今後も、2017年にとりまとめられました「今後の対策」を踏まえまして、取り組みをさらに推進していきたいと考えております。以上です。

外務省

290. 【共同親権】カゾーバ委員から、離婚後に生物学的親と会う権利についてのご質問がありました〈←パラ259〉。いまのところ日本では共同親権は定められておりませんが、カゾーバ委員からは生物学的親と会う権利についてのご質問がありました。ひとつ申し上げておきたいのですが、誤解されかねなかったかもしれませんけれども、法務省からご説明しましたように、現在は〔共同親権は〕定められていないものの、もちろん議員も含めて多様な意見があります。永遠に検討しないと申し上げているわけではありません。いずれにせよ、面会権について法務省からご説明します。

法務省

291. 【面会交流権】はい、法務省、眞鍋でございますが、ご指摘のように現在日本は共同親権制度をとってはおりませんが、離婚後、単独親権──どちらか父母のどちらかが親権を持っている状態であっても、親権を持たない親と子どもとが面会する権利というのは十分に確保されておりますし、十分交流することは可能です。多くの場合では、離婚する際、あるいは裁判当事者間が離婚の条件を合意する際、あるいは裁判所が離婚をさせる際に、親権を持たない、監護をしない親と子どもの面会についての取り決めがされております。以上です。

外務省

292. 代替的監護についてもう少し詳しい説明が求められており、また相談〔児童相談所の対応〕の具体的基準についてもご質問があったと思いますので、厚生労働省のほうからこれらの点についてお答えします。〔日本語で〕では、厚生労働省。

厚生労働省

293. 【一時保護等による親子分離】厚生労働省、島でございます。カゾーバ委員から、児童相談所における保護等の対応状況についてご質問がございました〈←パラ258〉。児童相談所や市町村に虐待に関する通告が入った場合、主に児童相談所の状況について回答させていただきますが、子どもが家庭内で権利侵害を受けていることを速やかに保護するため、一時保護などの対応を行ないます。児童相談所では、一時保護をした子ども、一時保護をしていない子どもについて、どちら

の場合であったとしても、生活の状況ですとか成長の状況、そういった社会的な育ちの状況を確認をいたします。また、心理的側面、医学的側面などについても調査を行ないます。これらの調査に基づいた総合診断により、子どものそれ以降の……子どもおよび家庭に対するそれ以降の支援体制を判断していきます。そうした診断ないし判断においては、子どもおよび家庭の意見を確認することとされております。そういった確認の過程において保護者の同意が得られない場合、児童相談所は都道府県の児童福祉審議会の意見を聴くこととされております。また、里親ですとか、施設に入所しなければならない、そのような状況にある子どもについて、保護者の同意が得られないとすれば、児童相談所が家庭裁判所に申し立てを行ない、施設入所の判断を仰ぐこととされています。つまり、委員ご指摘の、保護者が反対している場合裁判を起こすことができるのかというのは、むしろ児童相談所が申し立てを行ない、判断を仰ぐこととされています。

294. **【代替的養護】**続きまして、同じくカゾーバ委員、サンドバーグ委員からご質問のございました代替的監護の環境〈←パラ251・258〉について回答いたします。先ほど来、里親委託推進に向けて取り組みを進めていることはご説明をさせていただきました。それ以外の施設においても、できるかぎり家庭的な養育環境とするよう、養育単位を小規模化して家庭的な雰囲気のもとで子どもが育てられるよう、取り組みを進めているところでございます。それに向けて、職員の配置基準、それから施設の改修に関する予算等も措置をしており、この取り組みは今後も続けてまいる、そのように考えているところでございます。説明は以上です。

日本政府代表団

295. ロドリゲス委員から、親の離婚後300日以内に登録された〔子ども〕について説明を求められています〈←パラ261〉。法務省からお答えします。

法務省

296. **【「300日」問題】**はい、法務省、眞鍋ですが、委員のご指摘についてご説明いたします。制度のご説明であります。現在、わが国の法律では……〔通訳に混乱あり〕夫婦が婚姻している場合に生まれた子ども、あるいは婚姻が解消された場合のあと300日以内に生まれた子ども、これは婚姻中であればその夫の子どもであり、婚姻が解消されていれば前の夫、解消されていないのであればその夫になりますが、解消された夫の子と推定されることになります。したがいまして、その場合、戸籍にその夫の子どもというふうに記載されることになります。離婚した場合等で、母親がその夫の子どもというふうに登録されることを嫌って戸籍に登録しない場合、無戸籍児が発生することになりますが、このような事例があるということが問題であるというのは政府としても認識しております。これについては、法律改正の必要も含めまして、現在検討しているところです。無戸籍問題に関しての認識を共有して連携を強化するため、関係省庁を構成員とするタスクフォースを設置しているところでもあります。今後も無戸籍児解消のために取り組んでまいりたいと考えております。以上です。

外務省

297. ロドリゲス委員とサンドバーグ委員から子どもの貧困についてご質問がありました〈←パラ241・251〉。内閣府から、その後に厚生労働省から、これらの点について答えてもらいます。

内閣府

298. 【子どもの貧困】子どもの貧困に関する質問がありました。内閣府の魚井からお答えいたします。まずご指摘の貧困率15％ということでありましたけれども、これは日本社会全体の貧困率でありまして、こちらが15.7％という直近の数字になってございます。一方で、子どもの貧困率で見ますと13.9％となっております。これは、前回調査は2012年に行ないましたが、その数字が16.3％であります。前回調査と比べまして2.4ポイントの低下ということになっております。

299. また、具体的な取り組みについてもご指摘がありました。子どもの貧困対策の推進にあたりましては、2013年に子どもの貧困対策の推進に関する法律、そして翌年2014年に「子供の貧困対策に関する大綱」が閣議決定されております。これらに基づきまして、すべての子どもが、家庭の経済状況に関わらず、子ども等に対する教育の支援、生活の支援、就労の支援、経済的支援などの施策を総合的に推進しております。具体的には、これまで法律や大綱に基づきまして、児童扶養手当の多子加算の倍増や奨学金制度の拡充など多方面にわたって子どもの貧困対策の拡充を進めてきたところでありまして、引き続き政府を挙げて対策を推進していくつもりでございます。以上です。

日本政府代表団

300. 実際には子どもが複数いる家庭については手当を2倍にしておりますし、奨学金制度も拡充しています。厚生労働省のほうから他の取り組みについて補足いたします。

厚生労働省

301. 【子どもの貧困／ひとり親家庭への支援】厚生労働省の小川リョウと申します。ひとり親家庭における支援について詳細にご説明いたします。厚生労働省では、子どもの将来がその生育環境によって左右されることがないよう、これらの貧困対策を行なうことがきわめて重要だと考えております。これまでひとり親家庭に対しては「すくすくサポートプロジェクト」によって総合的な支援に取り組んできております。たとえば児童扶養手当の多子加算の倍増、これは第二子以降について手当額を加算する制度でありますが、こういったことを行なうなど、施策の充実に努めてきました。さらに、2018年は児童扶養手当について所得制限を引き上げ、50万を超える世帯で支給額が増える見込みであります。また、生活保護世帯の子どもの大学などへの進学を支援するため、6月に生活保護法を改正し、進学準備のための一時金の給付制度を創出しました。引き続き、子供の貧困対策に関する大綱に基づき、総合的に対策を推進してまいりたいと思います。以上です。

代表団団長

302. 【気候変動対策】次に、サンドバーグ委員から出された、地球温暖化に関するいくつかのご質問にお答えしたいと思います〈←パラ249－250〉。これは私どもが非常に強い思いを持っている問題のひとつです。清潔な空気と清潔な水は、日本が1970年代から追求してきたものです。もちろん、ご存じのように私どもは京都議定書の策定を主導しましたし、気候変動や地球温暖化に関わる取り組みでも先頭を走っています。確かに、福島原発事故によるトラウマは若干存在します。そしてもちろん、日本に存在する原発の多くを再稼動するのは簡単なことでしょう。私たちはギャップを埋める必要があります。けれども、強調しておきたいのは、私たちは過去に掲げてきた目標をいっさい放棄していないということです。これには、2030年までにCO_2を26％削減することも

含まれます。私たちは引き続きこの目標にコミットしており、やらなければならないことだと考えています。黄砂を含む争点や問題も存在します。これらのすべての問題について、私どもは非常に気を遣っており、ひとつひとつ対応していきます。

303. 石炭火力発電技術の輸出については、正確を期す必要があると思いますが、石炭火力発電の他国への輸出は行なっておりません。やっていません。石炭火力発電技術を使用する必要がある国に対し、石炭火力発電から生じる汚染物質がより汚染度の低いものになるよう、よりよい技術による援助は行なっております。

304. 子どもたちへの教育については、団員である杉浦さんから、学校の生徒に提供している資料の一部について簡単に説明します。これには気候変動に関するものも含まれています。

外務省

305. 【気候変動対策】ありがとうございます。外務省の杉浦正俊より申し上げます。団長からお話がありましたが、このようなリーフレットがあります。これは実際には日本ユニセフ協会と協力して推進しているもので、私どもが援助し、協働しながらSDGsについてのこのような資料を制作しました。主要な分野は、まず不平等との闘いで、マップ、データ、具体的ポイントを示して子どもにも読みやすいものになっています。2つめの主要な分野は暴力と差別で、これは解消しなければなりません。これも同じ構成です。そして3つめの柱は環境、気候変動と環境で、災害リスク管理も含まれています。このような取り組みを行なっています。これは中学生向けの補足的資料で、教員はこれを活用してサンドバーグ委員がおっしゃった点についての説明を行なうことができます。

306. イドリシ委員から、裁判所における15歳未満の子どもの代理についてご質問がありましたので、法務省からそれについて少し詳しくご説明します。〔日本語で〕では、法務省。

法務省

307. 【子どもの意見の尊重】法務省の眞鍋から、15歳以下の意見を家庭裁判所において聴取することについての説明を申し上げます。イドリシ委員は家庭裁判所が15歳未満の子どもの意見を聴取することに非常に慎重であるというふうにご指摘されましたが〈←パラ267〉、実際は違います。わが国の家庭裁判所は、子どもの年齢に関わらず、それが15歳より上であれ下であれ、子どもの意思の把握というのがきわめて重要であるというふうに考えております。法律上は、弊害を考慮して15歳以上の子どもからの意見聴取を定めておりますけれども、法律に規定がなくとも、家庭裁判所の裁判官は15歳未満の子どもの意見というのを積極的に聴いております。とくに、家庭裁判所には心理学、児童心理学の専門家である家庭裁判所調査官という職種の者がおります。この調査官によって、児童の心理に配慮しながらその児童の意見というのを把握しているということが言えます。法務省からは以上です。

日本政府代表団

308. 【人身取引】次にお答えしたいのは、サンドバーグ委員からのご質問だったと思いますが……ロドリゲス委員ですか、失礼しました、人身取引に関するご質問がありました〈←パラ246〉。重要な点は、とくに2014年の行動計画以来、私どもは懸命に取り組んできたということです。お話があったように推進会議が設置されており、すべての関連省庁がこの問題について十全な取り組

みを行なうようにしております。これには、人身取引目的で日本に入国する者がいないようにするための、国境を超えた措置も含まれます。警察その他の機関も彼らを捕まえられるように懸命の努力をしておりますし、ビジネス部門も含めて市民の間で十分な意識啓発が図られるようにも努めています。また、被害者の保護もおおいに重視しています。人身取引事件と関連している可能性がある情報についてはどんなものでもフォローアップされるように努めており、すべての関連省庁がこの問題に取り組んでおります。

309. その結果、数字は改善してきていることをお知らせしておくべきでしょう。たとえば、2005年の登録被害者数は117人でしたが、ここ数年の数字は20人前後です。劇的に減少しております。その結果、米国務省は各国がこの問題にどのように取り組んでいるかについての年次報告を作成しておりますが、直近の報告書でも日本は第1層（ティア1）に格上げされていることをお知らせしておくべきかと思います。ありがとうございました。

外務省

310. ロドリゲス委員から、子どもの養護に関わるスタッフの研修に関するご質問がありましたので〈←サンドバーグ委員によるパラ44の質問か〉、厚生労働省からこのご質問にお答えします。

厚生労働省

311. 【児童福祉職員等の研修】厚生労働省、島でございます。予算に関するご質問をいただき、ありがとうございました。取り組みに予算の裏付けがあるということを確認することは重要であると考えております。結論から申し上げますと、来年度の予算案についてでございますけれども、われわれは増額しているところでございます。一例を申し上げますと、児童相談所ですとか、市町村の職員に対する専門性を向上するための研修強化事業を行なっておりまして、来年度は2,000万円増額し、7,000万円としております。また、里親養育を包括的に支援する機関の職員を研修するための費用を新たに創設いたしまして、3,200万円、予算案を出しております。続きまして、児童養護施設等の職員の資質を向上するための研修事業についても拡充しておりまして、7,000万円増額し、2億7,000万円としているところでございます。厚生労働省からは以上です。

外務省

312. コトラーネ委員から武力紛争と強制労働の問題に関するご質問があったと思いますので〈←パラ265〉、法務省からお答えします。

法務省

313. 【強制労働／子どもと武力紛争】法務省、眞鍋ですけれども、刑法で紛争に関わる犯罪について処罰規定があるかというご質問でございました。刑法にはたとえば逮捕監禁罪、脅迫罪、誘拐罪等がございます。人身売買の罪に当たるものが、こういったもので当たるものがありましたら、刑法上処罰されうるということになります。以上です。

外務省

314. おおむねお答えしたのではないかと思いますが、時間の関係で、もし可能であれば、本日あるいは昨日出された点について、委員の皆さんによりよく理解していただくために何人かから補

足を行ないたいと思います。文部科学省、お願いします。

文部科学省

315. 【いじめ】文部科学省、山本です。昨日のいじめ防止対策のなかで児童生徒がどのように参加しているのかというご質問をいただいていたかと思います〈←パラ109〉。それについて追加でお答えいたします。いじめの防止のため、児童生徒が自らいじめの問題について考え、議論する活動を推進することはたいへん重要だと考えています。いじめについて児童生徒が考える授業を実施している学校でありますとか、いじめをなくすためにできることを児童生徒同士が議論するイベントを開催している自治体もあると承知しています。それから、全国の児童生徒の代表者が集まって、いじめについて議論し発表するイベント、これ「全国いじめ問題子どもサミット」と呼んでいますけれども、そうしたイベントを毎年国が開催しているところです。文部科学省からは以上です。

日本政府代表団

316. 厚生労働省がメンタルヘルスに関する情報を補足したいとのことです。お願いします。

厚生労働省

317. 【精神保健】厚生労働省、島でございます。昨日、ロドリゲス委員から、保健政策立案時にメンタルヘルスの問題がある人の意見が反映されるかどうかについてご質問をいただきました〈←パラ157〉。障害者基本法において、国および地方公共団体は、障害者の自立および社会参加の支援等のための施策を講ずるにあたっては、障害者その他の関係者の意見を聴き、その意見を尊重するよう努めなければならないと規定されております。具体的には、障害者総合支援法などの法令改正ですとか改訂に当たっては、精神障害者をはじめとする障害者およびその支援団体の代表を委員に含んだ社会保障審議会障害者部会において議論を行ない、その結果を踏まえ検討しております。厚生労働省からは以上です。

日本政府代表団

318. 【ハーグ条約】ハーグ条約に関してのご質問もございました〈←パラ148〉。2つの条約がありますけれども、もちろん批准を検討もしないというわけではありませんが、現時点ではこの2つの条約の検討に関する具体的な計画や予定はございません。というのも、多くの関係省庁とともに検討しなければならないことが多数あるためです。これが2つの条約について申し上げておくべき点です。

319. また、国際的な子の奪取に関するハーグ条約についてのご質問もございました。これについてはわが国も加盟しており、日本でも実施されます。法務省からこの点についてご説明します。

法務省

320. 【子どもの連れ去り】法務省の眞鍋です。ハーグ子奪取条約について、日本でその履行ができているかどうかという問いでございましたが〈←パラ148〉、日本では、ハーグ条約の履行を確保するための強制執行の手続がきちんと確保されております。実際にその国内の法律、執行法に基づいて子どもの引き渡しというのが成功している事例が多数ございます。さらに、この履行をよ

り円滑に進めるため、民事執行法の改正を目指して検討を進めておりまして、その改正の要綱が法制審議会から、法務大臣の諮問機関である法制審議会から法務大臣に答申されたところであります。現在、関係法案の立案の作業を法務省において進めております。以上です。

外務省

321. 【資源配分】そろそろ時間かと思います。たとえば資源や予算等の問題について非常に包括的なご質問もいただいておりますが〈←パラ35〉、もちろん、純粋に子どものために用いられている予算額をお示しするのは容易ではないことがあります。というのも、ご説明したように家庭に対して用いられることもありますし、医療施設向けの予算も、このような施設は誰でも利用できるためです。しかし特定するように努め、あらためて書面でお答えできるよう努力します。本日こちらに来ていない省庁にも若干の予算や資源があるかもしれませんので、あらためて確認する必要があります。どこまでできるかは定かではありません。申し上げましたように、子ども等だけに関連する費目を差異化する、分離する、特定することはできませんので。しかし私たちなりに定義するよう努め、あらためて書面でお知らせするようにします。最善を尽くします。

議長

322. ありがとうございます。まだほんの少し時間が残っています。それほど多くの時間ではまったくありません。〔質問を希望する委員が〕3人いますけれども、3人全員に発言を認めることはできません。タスクフォースのメンバーだけです。オルガ・カゾーバ委員、重要な質問ですか？それとも、そうでもないですか。

カゾーバ委員

323. 【一時保護等による親子分離】議長、私は重要な質問だと思います。昨日お尋ねしたことですが〈←パラ59〉、とくに児童相談所の施設で代替的養護下にある子どもは苦情申立てをすることができるのでしょうか。強調しておきたいのですが、安全に、あとから罰を受けることなく苦情申立てを行なえるかということです。これは一番重要な質問ではないかとも思いますが、まだお答えいただいていません。〈→回答なし〉

324. 【オンラインに関する教育】また、インターネット上の安全については、よくわからないのですが、オンライン・セーフティに関する教育を学校で必修科目として行なっているのでしょうか。安全に関してだけではなく、オンラインでの行動に関する一般的教育はどうでしょうか。子どもたちはオフラインだけではなくオンラインでも生活しているからです。〈→パラ334〉

議長

325. ありがとうございます。〔代表団に向かって〕これはできれば書面でお願いできますか？1文か2文程度で。〔マイクに向かって〕ロドリゲス委員。1分です。

ロドリゲス委員

326. 【精神保健】1分もかかりません。精神保健と障害について質問したときにはっきり伝わらなかったかもしれませんので〈←パラ157／パラ317〉、誤解の余地なくはっきりさせるために、例を出させてください。たとえばダウン症候群の子どもがいるとしましょう。そして、家族はその

子どもとともに暮らすことを望んでいないとします。子どもを家に置いておくだけの余裕がないと感じているのかもしれません。そこで国に介入を求めたとします。そうすると国は、このダウン症候群の子どもを精神保健施設か精神病院に措置するかもしれませんし、他の形態のケアを提供するかもしれません。私が知りたいのは、このようなケースではどうなるかということです。言い換えれば、このような状況で用いられるプロトコール（標準対応手続）はどのようなものなのでしょうか。〈→回答なし〉

議長

327. ありがとうございます。たいへん申しわけありませんが、もう閉会しなければなりません。委員会としてのしめくくりの発言の機会を、サンドバーグ委員だと思いますが、認めます。

サンドバーグ委員

328. ありがとうございます。日本の代表団の皆さんに、今回の非常に開かれた建設的な対話——だったと思います——について、心からお礼を申し上げたいと思います。委員会は、一般的な、あるいは幅広い質問であれ、非常に具体的な質問であれ、委員会から出されたすべての質問に答えようとして皆さんが行なった努力に感謝していると思います。お答えのなかには、非常に詳しく、より詳細に踏みこむことができたものもあれば、それほど詳しくなかったものもありましたが、そういうものです。

329. 皆さんにはまだ課題があると申し上げますし、それは皆さんも認識されていることと思います。課題は、体罰の分野、差別の分野、貴国に存在する多様性の評価の分野に残されています。個別のケースだけではなく政策立案においても子どもの意見を聴くことも挙げておきましょう。少年司法と、それから代替的養護に関わる若干の問題もあります。以上がいまここで私が挙げておきたい問題ですが、もちろん皆さんはこれから総括所見を受け取ることになります。そこではさまざまな問題がより詳しく取り上げられ、委員会としての優先順位も示します。最後に心から申し上げておきたいのは、私たちの総括所見を積極的に受けとめ、子どもの権利を向上させる方法に関する委員会からのガイダンスとして捉えていただくことを希望するということです。改善の余地は常にあるものだからですし、貴国で子どもの権利が可能なかぎり全体として実施されることこそ、私たち全員が望んでいることだからです。本当にありがとうございました。幸運をお祈りします。

代表団団長

330. ありがとうございました、サンドバーグ委員。委員会の委員の皆さんにもお礼を申し上げます。今回の一連の対話は非常によいものであったと思います。委員会の委員の皆さんだけではなく——もちろん皆さんは子どもの権利について非常な情熱をお持ちです——、私のチームのメンバー、そして東京にいる私のチームも、子どもの権利の増進について同じ情熱を共有していることが証明されたと考えています。これからも協働していくべきだと思いますし、どのように取り組んでいくかについて考え続けていかなければなりません。申し上げられるのは、私のチームは全員、皆さんのコメントに耳を傾けますし、実際に傾けてきました。皆さんのコメントは真剣に受けとめます。皆さんのおっしゃるように事が進むかどうかは、国内でより幅広く議論と討議をしなければならないかもしれませんが。けれども、どこに問題があるかがわかっているかぎりにおいて、何らかの進展が見られるはずです。

331. これとの関連で、委員会の役割は子どもの権利を増進させるよう加盟国を奨励するところにあると思います。そうするにあたって委員会の委員の皆さんが発揮した専門家としての姿勢を、私は評価したいと思います。とくに、日本がこれまでやってきたことを評価するということ、私たちがこの9年間やってきた取り組みについて肯定的なことを皆さんはおっしゃってくださいました。もちろんまだ残された課題がいくつかありますが、私たちがやってきたことを認識してくださるのは、私たちにとっておおいに意味があるものです。もちろん、私のチームのメンバーも、18人[ママ]全員がそのことを感じられたはずですし、子どもの権利を増進させるために皆さんと協働していくこともできるはずです。

332. ただいまおっしゃった総括所見を楽しみにしております。楽しみにしておりますし、同時に〔中指を曲げて人差し指に重ねる災いよけのしぐさをしながら〕指を重ねながらお待ちしております。祈るような心持ちで、というべきでしょうか。けれども、驚くようなことは書かれていないはずだと思います。私どもは皆さんのご意見を承知していますし、皆さんは私どもの見解をご承知だからです。コミュニケーションに改善の余地があることは十分認識しておりますし、議長からもたくさんのことを教えていただきました。次回の対話で、あるいは他の条約委員会との対話で、それを役立てていければよいと思っております。この点についての取り組みは進めていきます。

333. 通訳ブースにいる皆さんにもお礼を申し上げます。非常に頑張っていただきました。とくに東京から来ていただいた2人の通訳者は、非常にいっしょうけんめい資料を読みこんでくれました。非常に正確な通訳をしていただいたと言うべきですし、その仕事ぶりにたいへん喜んでおります。他の通訳者の皆さんも、本当にありがとうございました。そして、末尾ながら、〔通訳言語の〕切換台の操作担当者にもお礼を申し上げます。非常に難しい、非常に複雑な仕事だったことは理解しておりますが、皆さんもすばらしい仕事をしてくださったと思います。ありがとうございました。

334. また皆さんとお目にかかれることを楽しみにしております。……ああ、この冊子について皆さんにお知らせするように言われました。オンライン教育に関する冊子を少し持参しております。書面で回答いたしますが、教育上の措置に関するこの資料も見ておいていただければと思います。いずれにせよ、私たちも非常に頑張ってまいりました。一睡もしていない者もたくさんおりますが、あと48時間、文書回答を提出するための時間が残っています。そして皆さんは7か国の審査を行なう途上にあるのですね。残念ながら苦難の旅は続きます。けれども、非常に有益な機会でありました。それは間違いありません。これを伝統として続けていくことを希望いたします。皆さん、ありがとうございました。ご清聴ありがとうございます。

議長

335. 非常に包括的でご丁寧なしめくくりのご発言をありがとうございました。委員会の第2347回会合を終える前に、皆さんにはあと48時間あることをあらためて申し上げておきます。また、残していきたい資料があれば、どんなものであってもテーブルに置いていってください。有効に活用されるでしょう。有効に活用させていただきます。

336. 日本は社会的にも文化的にも高い価値観を持った国として知られています。時には、世紀単位の時間の流れのなかで、この社会的・文化的価値観が少し変わることもあります。子どもたちを脇に置くのではなく、子どもたちとともにありたいと望むのであれば、価値観も少しは変えていかなければなりません。数世紀が経ち、新しい子どもたちが生まれてくれば、曽祖父や曾祖母が子

どもにはこうあってほしいと思っていたことを喜んで受け入れてくれるとは限りません。ですので、私たちも少し変わらなければなりませんし、彼らも少し変わらなければならない。こうして何らかの妥協を見出していけるのではないでしょうか。〔日本語で〕ありがとう。

代表団団長

337. 〔日本語で〕ありがとうございます。〔英語で〕ありがとうございました。（拍手）

議長

338. これで閉会します。〔通訳ブースに向かって〕ありがとう。〔マイクに向かって〕委員の皆さん、2時にここに戻ってくるのを忘れないでください。SDGs〔に関する話し合い〕です。

〈資料〉 国連・子どもの権利委員会
委員リスト
（日本報告書審査時）

氏　名	出身国	専門・背景等	任　期
アジア・太平洋			
Ms. Amal ALDOSERI	バーレーン	教育	2021年
Mr. Clarence NELSON（副）	サ　モ　ア	法律（裁判官）	2019年
Ms. Mikiko OTANI（大谷美紀子）	日　　本	弁護士	2021年
西欧その他			
Mr. Jorge CARDONA LLORENS	スペイン	法律	2019年
Mr. Bernard GASTAUD（報告者）	モ ナ コ	法律	2019年
★Ms. Kirsten SANDBERG	ノルウェー	法律	2019年
Ms. Renate WINTER（委員長）	オーストリア	法律（裁判官）	2021年
東欧			
★Ms. Olga a. KHAZOVA（副）	ロ シ ア	法律	2021年
Ms. Velina TODOROVA	ブルガリア	法律	2021年
アフリカ			
Ms. Suzanne AHO ASSOUMA（副）	ト ー ゴ	ソーシャルワーク	2019年
Ms. Hynd AYOUBI IDRISSI	モロッコ	法律	2019年
Mr. Hatem KOTRANE	チュニジア	法律	2019年
Mr. Cephas LUMINA	ザンビア	法律	2021年
Mr. Gehad MADI	エジプト	外交官	2019年
Mr. Benyam Dawit MEZMUR	エチオピア	法律	2021年
★Ms. Ann Marie SKELTON	南アフリカ	法律	2021年
ラテンアメリカ・カリブ海諸国			
Mr. Luis Ernesto PEDERNERA REYNA	ウルグアイ	法律	2021年
★Mr. José Angel RODRÍGUEZ REYES	ベネズエラ	法律	2019年

※　任期はいずれも該当年の2月28日まで。「副」は副委員長を指す。★は日本報告書審査を担当したタスクフォースのメンバー。

〈資料〉 日本政府代表団リスト

（英文）

※日本政府が委員会事務局に提出したリストをもとに、省庁名のみ日本語を付
して作成。

【外務省⑴】

H.E. Mr. Junichi IHARA	Ambassador
	Permanent Representative
	Permanent Mission of Japan to the
	International Organizations in Geneva
H.E. Mr. OKANIWA	Ambassador
	Deputy Permanent Representative
	Permanent Mission of Japan to the
	International Organizations in Geneva
H.E. Mr. Masato OTAKA	Ambassador in charge of the United Nations
	Ministry of Foreign Affairs of Japan
Mr. Masatoshi SUGIURA	Director
	Human Rights and Humanitarian Affairs
	Division
	Foreign Policy Bureau
	Ministry of Foreign Affairs of Japan
Mr. Masashi NAKAGOME	Minister
	Permanent Mission of Japan to the
	International Organizations in Geneva

【内閣府】

Mr. Koichi KITAKAZE	Director for Policy of Youth Affairs
	Office of the Director Genera for Policy on
	Cohesive Society
	Cabinet Office
Mr. Hiroyasu UOI	Counsellor for Policy on Poverty among
	Children
	Office of the Director Genera for Policy on
	Cohesive Society

Mr. Tomoo KOIZUMI

Cabinet Office
Unit Chief
Office of the Director for Policy of Youth
Affairs
Office of the Director Genera for Policy on
Cohesive Society
Cabinet Office

【警察庁】

Ms. Shiho TAKATA

Superintendent
Juvenile Division
Community Safety Bureau
National Police Agency

Mr. Koyo SHIMADA

Chief Inspector
Juvenile Division
Community Safety Bureau
National Police Agency

【法務省】

Mr. Hiroyuki MANABE

Attorney
International Affairs Division
Minister's Secretariat
Ministry of Justice

Ms. Fumiko AKASHI

Deputy Director
Policy Planning
International Affairs Division
Minister's Secretariat
Ministry of Justice

Mr. Sadakazu NISHI

Official
Policy Planning
International Affairs Division
Minister's Secretariat
Ministry of Justice

Mr. Sho FUKUMA

Attorney
Human Rights Bureau
Ministry of Justice

【文部科学省】

Mr. Tsuyoshi YAMAMOTO	Deputy Director
	International Affairs Division
	Minister's Secretariat
	Ministry of Education, Culture, Sports,
	Science and Technology (MEXT)
Ms. Hitomi MURAI (SUZUKI)	Chief Unit
	International Affairs Division
	Minister's Secretariat
	Ministry of Education, Culture, Sports,
	Science and Technology (MEXT)

【厚生労働省】

Mr. Hiroyuki KARASAWA	Policy Planning Director
	General Coordination Division
	Minister's Secretariat
	Ministry of Health, Labour and Welfare
Mr. Reiji SHIMA	Special Adviser for Child Welfare
	Family Welfare Division
	Child and Family Policy Bureau
	Ministry of Health, Labour and Welfare
Mr. Ryo OGAWA	Official
	International Labour and Cooperation Office
	International Affairs Division
	Ministry of Health, Labour and Welfare

【外務省(2)】

Ms. Rie NISHIDA	Attorney
	Human Rights and Humanitarian Affairs
	Division
	Foreign Policy Bureau
	Ministry of Foreign Affairs of Japan
Mr. Ken KOMINA	Assistant Director
	Human Rights and Humanitarian Affairs
	Division
	Foreign Policy Bureau

	Ministry of Foreign Affairs of Japan
Mr. Shuichi NISHINO	Counsellor
	Permanent Mission of Japan to the International Organizations in Geneva
Ms. Minae TSUCHIYA	First Secretary
	Permanent Mission of Japan to the International Organizations in Geneva
Ms. Saori NAGAHARA	First Secretary
	Permanent Mission of Japan to the International Organizations in Geneva
Mr. Tomoyoshi MAEHIRA	Second Secretary
	Permanent Mission of Japan to the International Organizations in Geneva
Mr. Hiroshi TAGAMI	Adviser
	Permanent Mission of Japan to the International Organizations in Geneva

【通訳者】

Ms. Akiko SHINODA	Interpreter
Ms. Sachiko TANAKA	Interpreter

3 【資料】
子どもの権利条約NGOレポート連絡会議参加団体とNGOレポート

●参加団体

ACE（Action against Child Exploitation）

ARC（Action for the Rights of Children）

IFCA（International Foster Care Alliance）

子ども情報研究センター

子どもすこやかサポートネット

子どもと法21

子どもの権利条約総合研究所

子どもの権利条例東京市民フォーラム

子どもの人権連

こども福祉研究所

在日朝鮮人人権協会

しあわせなみだ

セーブ・ザ・チルドレン・ジャパン

創価学会女性平和委員会

中国帰国者の会

東京・生活者ネットワーク

なくそう戸籍と婚外子差別・交流会

日本教職員組合

フリー・ザ・チルドレン・ジャパン

※このほか、ここにはお名前を挙げていませんが、このレポートの作成には多くの方々に個人としても参加していただきました。

● NGOレポート「日本における子どもの権利条約の実施：日本の第4回・第5回定期報告書に関するNGOの視点」（2017年10月提出）目次

はじめに

子どもの権利に横断的影響を与える主要な問題

A. 子どもの権利の視点が希薄な東日本大震災・福島原発事故への対応

B. 子どもの貧困に対応するための十分な措置がとられていない

Ⅰ. 一般的実施措置

　Ⅰ-1. 包括的な子どもの権利法の制定の必要性

　Ⅰ-2. 条約に依然として消極的な裁判所／個人通報制度の受け入れの必要性

【資料】子どもの権利条約NGOレポート連絡会議

添付資料（アネックス）一覧（2017年10月現在）

1. なくそう戸籍と婚外子差別・交流会「日本における婚外子差別法制度について」
2. 在日朝鮮人人権協会「子どもの権利条約との関連における、日本で朝鮮学校に通う子どもたちの人権状況」
3. IFCA（International Foster Care Alliance）「社会的養護の当事者参画にむけて」

添付資料追加（アネックスⅡ）一覧（2018年1月提出）

1. 東日本大震災子ども支援ネットワーク「7年目のメッセージ」
2. 創価学会女性平和委員会「質・量ともに不十分な条約および委員会の勧告等の広報」
3. フリー・ザ・チルドレン・ジャパン「母子に条約を周知させるための子どもメンバーからの提案」
4. 中国帰国者の会「中国残留孤児、中国帰国者およびその家族の子どもの権利状況」
5. 子どもの権利条約関西ネットワーク「無国籍に関する子どもの声」
6. 東京シューレ「不登校の子どもたちの声」
7. 子どもと法21「特別な保護措置：少年司法（参考資料編）」

●「NGOレポート提出以降の進展および日本政府の文書回答を踏まえた NGOからの追加情報」（2019年1月提出）目次

3

【資料】子どもの権利条約NGOレポート連絡会議

IV．市民的権利および自由
　⑴　「日の丸」「君が代」の強制で侵害される子どもの思想・良心の自由
　⑵　校則の内容・策定方法を根本的に見直す必要性
　⑶　市民的権利および自由との関連で取り上げるべきその他の問題
V．子どもに対する暴力
　⑴　いまなお体罰を容認する傾向が強い世論を変えていくために積極的取り組みが必要
　⑵　子どもの虐待死事件を受けて進む対策強化の課題
　⑶　新たに発覚した児童養護施設における児童間暴力（性暴力）の問題
　⑷　いじめ・体罰・セクシュアルハラスメントを含む学校暴力を防止するための包括的アプロー
　　　チの必要性
VI．家庭環境・代替的養護
　⑴　新しい社会的養育ビジョン（2017年）の評価と実施に向けた課題
　⑵　一時保護のあり方の包括的見直しおよび親子分離とその後の家族再統合（可能な場合）への司
　　　法的関与の強化を
　⑶　特別養子縁組を含む養子縁組制度を子どもの権利の視点からさらに見直す必要性
　⑷　妊娠・出産した10代女子の学習保障と若年親およびその子どもへの総合的支援
VII．障害・基礎保健・福祉
　⑴　「特別支援教育」はインクルーシブ教育の理念を十分に反映していない
　⑵　リプロダクティブヘルス教育を阻害する公職者等による介入の継続
　⑶　頻発する豪雨災害に備えて気候変動緩和・適応政策における権利基盤アプローチの徹底が必要
　⑷　子どもの貧困対策強化の必要性とそれに逆行する生活保護基準引き下げ等の動き
　⑸　障害・基礎保健・福祉との関連で取り上げるべきその他の問題
VIII．教育・余暇・文化的活動
　⑴　東日本大震災・福島原発事故からの教育復興はいまだ途上である
　⑵　極度に競争的な学校環境は悪化している
　⑶　教育内容に対する国家的介入の抑止を
　⑷　教員の多忙化と教育の保障
　⑸　外国とつながる子どもが教育についての権利を十分に保障されていない
　⑹　教育・余暇・文化的活動との関連で取り上げるべきその他の問題
IX．特別な保護措置／選択議定書の実施
　⑴　非正規滞在の親の収容および強制送還にともなって親子が分離されている
　⑵　条約および関連の国際基準にしたがった少年司法制度の再構築を
　⑶　OPSC：性的搾取その他の搾取の危険性にさらされ続ける子どもたち
アネックス
　婚外子差別：なくそう戸籍と婚外子差別・交流会
　朝鮮学校問題に関する国連人権機関の勧告抜粋：在日朝鮮人人権協会
　沖縄の子どもの状況：沖縄国際人権法研究会・子どもの権利部会
　体罰：セーブ・ザ・チルドレン・ジャパン
　移住者の子ども：移住連
　少年司法：子どもと法21

子どもの権利条約NGOレポート連絡会議

本連絡会議は、子どもの権利条約の実現に取り組んでいる NGO/NPO・研究者・弁護士等の専門家や市民、労働組合などからなる、ネットワーク的な組織です。本連絡会議の主要メンバーは、1992 年の国連・子どもの権利委員会第 2 会期から委員会のオブザーブを始め、委員会と日本社会をつなぐ役割を果たすとともに、日本における条約の普及と効果的な実施に取り組んでいます。本連絡会議は、構成メンバーとの学習・検討や関係団体と協力しながら、これまで 4 回（1997 年、2003 年、2009 年、2018 年）、日本政府報告に対応した NGO レポートを国連・子どもの権利委員会に提出するとともに、審査をオブザーブすることなどを通じて委員会に情報提供や働きかけをしてきました。また、総括所見のフォローアップについても精力的にしてきました。事務局は現在、国連経済社会理事会と特別協議資格を持つ NGO である「子どもの権利条約総合研究所」が務めています。

［連絡先］子どもの権利条約総合研究所
　　　　〒152-0034　東京都目黒区緑が丘2-6-1
　　　　TEL・FAX：03-3203-4355 E-mail：npo_crc@nifty.com
　　　　ホームページ：http://npocrc.org/

〔コーディネーター〕
荒牧　重人（あらまき しげと）
子どもの権利条約総合研究所代表、地方自治と子ども施策全国自治体シンポジウム実行委員長、アジア子どもの権利フォーラム共同代表、山梨学院大学教授など。

平野　裕二（ひらの ゆうじ）
子どもの権利条約総合研究所運営委員、子どもの人権連代表委員、子どもの権利条約ネットワーク運営委員など。
ホームページ：https://w.atwiki.jp/childrights/

〔協力〕
子どもの人権連

こ　　　けんりじょうやく　　み　　にほん
子どもの権利条約から見た日本の課題
国連・子どもの権利委員会による第 4 回・第 5 回日本報告審査と総括所見

2020年 2月28日　第 1 版第 1 刷

［編　者］子どもの権利条約NGOレポート連絡会議
［発行人］則松　佳子

発行所　株式会社　アドバンテージサーバー

〒 101-0003　東京都千代田区一ツ橋 2-6-2　日本教育会館
電話　03-5210-9171　FAX　03-5210-9173
郵便振替　00170-0-604387
印刷・製本＝シナノ印刷㈱
Printed in Japan
ISBN978-4-86446-065-1